Landesverfassung der Freien Hansestadt Bremen

mit Gesetz über das Verfahren beim Bürgerantrag

und

Verfassung für die Stadt Bremerhaven

EDITION TEMMEN

Die Deutsche Bibliothek – CIP-Einheitsaufnahme

Bremen:
[Verfassung < 1947.10.21 >] Landesverfassung der Freien Hansestadt Bremen mit Gesetz über das Verfahren beim Bürgerantrag und Verfassung für die Stadt Bremerhaven. – Bremen : Ed. Temmen, 1998
ISBN 3-86108-625-5

Herausgegeben von der
Bremischen Bürgerschaft
Am Markt 20, 28195 Bremen
E-Mail: geschaeftsstelle@buergerschaft.bremen.de
Redaktion: Ingeborg Russ

in Zusammenarbeit mit der
Landeszentrale für politische Bildung
Osterdeich 6, 28203 Bremen
Verantwortlich: Michael Scherer

Herstellung: Edition Temmen
Hohenlohestr. 21 - 28209 Bremen
Tel. 0421-34843-0, Fax 0421-348094
ed.temmen@t-online.de

ISBN 3-86108-625-5

Inhalt

Vorwort 5

Landesverfassung der Freien Hansestadt Bremen
vom 21. Oktober 1947 (Brem.GBl. S. 251) 6

Präambel 7

Erster Hauptteil
Grundrechte und Grundpflichten 7

Zweiter Hauptteil
Ordnung des sozialen Lebens 11
   1. Abschnitt Die Familie 11
   2. Abschnitt Erziehung und Unterricht 12
   3. Abschnitt Arbeit und Wirtschaft 14
   4. Abschnitt Kirchen und Religionsgesellschaften 19

Dritter Hauptteil
Aufbau und Aufgaben des Staates 20
   1. Abschnitt Allgemeines 20
   2. Abschnitt Volksentscheid, Landtag und Landesregierung ... 21
      I. Der Volksentscheid 21
      II. Der Landtag (Bürgerschaft) 22
      III. Die Landesregierung (Senat) 30
   3. Abschnitt Rechtsetzung 33
   4. Abschnitt Verwaltung 34
   5. Abschnitt Rechtspflege 36
   6. Abschnitt Gemeinden 38
Übergangs- und Schlußbestimmungen 40

Gesetz über das Verfahren beim Bürgerantrag
vom 20. Dezember 1994 (Brem.GBl. S. 325) 42

Verfassung für die Stadt Bremerhaven (VerfBrhv)
vom 13. Oktober 1971 (Brem. GBl. S. 243) 45

Erster Teil
Grundlagen der Stadtverfassung 46

Zweiter Teil
Hoheitszeichen der Stadt 47

Dritter Teil
Stadtgebiet 47

Vierter Teil
Rechte und Pflichten der Einwohner und Bürger 47

Fünfter Teil
Verwaltung der Stadt 51
   1. Abschnitt Stadtverordnetenversammlung 51
   2. Abschnitt Magistrat 57
   3. Abschnitt Verwaltung von Sondervermögen 59

Sechster Teil
Stadtwirtschaft 60
   1. Abschnitt Stadtvermögen 60
   2. Abschnitt Wirtschaftliche Betätigung 60
   3. Abschnitt Schulden 61
   4. Abschnitt Haushalt 62
   5. Abschnitt Rechnungsprüfung 62

Siebter Teil
Aufsicht 64

Vorwort

Die Landesverfassung der Freien Hansestadt Bremen wurde von der Bürgerschaft am 15. September 1947 beschlossen und durch eine Volksabstimmung am 12. Oktober 1947 angenommen. Entstanden vor dem Grundgesetz, sind in ihr die Grundrechte und Grundpflichten, die Ordnung des sozialen Lebens und Aufbau und Aufgaben des Staates festgeschrieben.

Während des demokratischen Neuanfangs nach dem Zweiten Weltkrieg erklärte die amerikanische Besatzungsmacht in einer Proklamation Bremen zum Land, dem Bremerhaven beitrat. Mit Inkrafttreten des Grundgesetzes 1949 wurde die Freie Hansestadt Bremen Bundesland der Bundesrepublik Deutschland.

Die Freie Hansestadt Bremen ist also ein Zwei-Städte-Staat, dessen Städte Bremen und Bremerhaven jede für sich eine Gemeinde des bremischen Staates bilden. Die Bremerhavener haben sich zusätzlich eine eigene Stadtverfassung gegeben.

Eine Ordnung des gesellschaftlichen Lebens zu schaffffen, in der soziale Gerechtigkeit, die Menschlichkeit und der Friede gepflegt werden, in der der wirtschaftlich Schwache vor Ausbeutung geschützt und allen Arbeitswilligen ein menschenwürdiges Leben gesichert wird, ist erklärtes Ziel der Bremer Landesverfassung. In einigen Teilen ergänzt und geändert, zuletzt am 3. März 1998, bildet sie das Fundament für unser Bundesland, auf dem wir aufbauen und unsere Zukunft gestalten können.

Reinhard Metz
Präsident der Bremischen Bürgerschaft

Landesverfassung der Freien Hansestadt Bremen[1]

vom 21. Oktober 1947 (Brem.GBl. S. 251)

In der Fassung der Gesetze vom
16. 1. 1953 (Brem.GBl. S. 7),
29. 3. 1960 (Brem.GBl. S. 41),
8. 9. 1970 (Brem.GBl. S. 93),
13. 3. 1973 (Brem.GBl. S. 17),
9. 12. 1986 (Brem.GBl. S. 283),
8. 9. 1987 (Brem.GBl. S. 233),
1. 11. 1994 (Brem.GBl. S. 289),
26. 3. 1996 (Brem.GBl. S. 81),
1. 10. 1996 (Brem.GBl. S. 303),
9. 10. 1997 (Brem.GBl. S. 353),
16. 12. 1997 (Brem.GBl. S. 629) und
3. 3. 1998 (Brem.GBl. S. 83, 85)

---

[1] Die den einzelnen Artikeln der Landesverfassung in eckigen Klammern beigegebenen Überschriften dienen der besseren Verständlichkeit, sind jedoch nicht Bestandteil der Landesverfassung.

Präambel

Erschüttert von der Vernichtung, die die autoritäre Regierung der Nationalsozialisten unter Mißachtung der persönlichen Freiheit und der Würde des Menschen in der jahrhundertealten Freien Hansestadt Bremen verursacht hat, sind die Bürger dieses Landes willens, eine Ordnung des gesellschaftlichen Lebens zu schaffen, in der die soziale Gerechtigkeit, die Menschlichkeit und der Friede gepflegt werden, in der der wirtschaftlich Schwache vor Ausbeutung geschützt und allen Arbeitswilligen ein menschenwürdiges Dasein gesichert wird.

Erster Hauptteil
Grundrechte und Grundpflichten

Artikel 1 [Gebote der Sittlichkeit und Menschlichkeit]

Gesetzgebung, Verwaltung und Rechtsprechung sind an die Gebote der Sittlichkeit und Menschlichkeit gebunden.

Artikel 2[1] [Gleichheitsgrundsatz]

Alle Menschen sind vor dem Gesetz gleich und haben das Recht auf gleiche wirtschaftliche und kulturelle Entwicklungsmöglichkeiten.

Niemand darf wegen seines Geschlechts, seiner Abstammung, seiner Rasse, seiner Sprache, seiner Heimat und Herkunft, seines Glaubens, seiner sozialen Stellung, seiner religiösen und politischen Anschauungen bevorzugt oder benachteiligt werden.

Niemand darf wegen seiner Behinderung benachteiligt werden. Menschen mit Behinderungen stehen unter dem besonderen Schutz des Staates. Der Staat fördert ihre gleichwertige Teilnahme am Leben in der Gemeinschaft und wirkt auf die Beseitigung bestehender Nachteile hin.

Frauen und Männer sind gleichberechtigt. Das Land, die Stadtgemeinden und die anderen Träger der öffentlichen Verwaltung sind verpflichtet, für die gleichberechtigte Teilhabe der Geschlechter in Staat und Gesellschaft durch wirksame Maßnahmen zu sorgen. Es ist darauf hinzuwirken, daß Frauen und Männer in Gremien des öffentlichen Rechts zu gleichen Teilen vertreten sind.

Artikel 3 [Freie Entfaltung der Persönlichkeit]

Alle Menschen sind frei. Ihre Handlungen dürfen nicht die Rechte anderer verletzen oder gegen das Gemeinwohl verstoßen.

Die Freiheit kann nur durch Gesetz eingeschränkt werden, wenn die öffentliche Sicherheit, Sittlichkeit, Gesundheit oder Wohlfahrt es erfordert.

Niemand darf zu einer Handlung, Duldung oder Unterlassung gezwungen werden, wenn nicht ein Gesetz oder eine auf Gesetz beruhende Bestimmung dies verlangt oder zuläßt.

---

1 Art. 2 wurde geändert durch Gesetz vom 9. 10. 1997 (Brem.GBl. S. 353)

Artikel 4 [Glaubens- und Gewissensfreiheit]

Glaube, Gewissen und Überzeugung sind frei. Die ungehinderte Ausübung der Religion wird gewährleistet.

Artikel 5 [Unverletzlichkeit der Person]

Die Würde der menschlichen Persönlichkeit wird anerkannt und vom Staate geachtet.
Die Unverletzlichkeit der Person wird gewährleistet.
Niemand darf verfolgt, festgenommen oder in Haft gehalten werden außer in den Fällen, die das Gesetz bestimmt, und nur in den von ihm vorgeschriebenen Formen.
Jeder Festgenommene ist unverzüglich, spätestens am nächsten Tage, seinem Richter zuzuführen, der ihn zu vernehmen und über seine Freilassung oder Verhaftung zu entscheiden hat. Solange der Beschuldigte sich in Untersuchungshaft befindet, ist jederzeit von Amts wegen darauf zu achten, ob die Fortdauer der Haft zulässig und notwendig ist. Das Gericht muß in Zwischenräumen von zwei Monaten von Amts wegen nachprüfen, ob die Fortdauer der Haft gerechtfertigt ist. Der Grund der Verhaftung ist dem Beschuldigten sofort, auf sein Verlangen auch seinen nächsten Angehörigen von Amts wegen mitzuteilen.
Jede Härte und jeder Zwang, der zur Ergreifung einer Person oder zur Aufrechterhaltung der Haft nicht notwendig ist, ist verboten. Ebenso ist jeder körperliche oder geistige Zwang während des Verhörs unzulässig.
Der Beschuldigte kann sich in jeder Lage des Verfahrens des Beistandes eines Verteidigers bedienen.
Wer Maßnahmen anordnet oder ausführt, die die Bestimmungen dieses Artikels verletzen, ist persönlich dafür verantwortlich.

Artikel 6 [Verletzung von Rechten]

Niemand darf seinem gesetzlichen Richter entzogen werden.
Ausnahmegerichte und Sonderstrafgerichte sind unzulässig.
Ein Beschuldigter gilt so lange als nichtschuldig, als er nicht von einem ordentlichen Gericht verurteilt worden ist.

Artikel 7 [Strafbarkeit]

Eine Handlung kann nur dann mit Strafe belegt werden, wenn die Strafbarkeit gesetzlich bestimmt war, bevor die Handlung begangen wurde. Gilt zur Zeit der gerichtlichen Entscheidung ein milderes Gesetz als zur Zeit der Tat, so ist das mildere Gesetz anzuwenden.
Niemand darf wegen derselben Tat mehr als einmal gerichtlich bestraft werden.
Eine strafrechtliche Sippenhaftung ist unzulässig.

Artikel 8 [Recht auf Arbeit und freie Berufswahl]

Jeder hat die sittliche Pflicht zu arbeiten und ein Recht auf Arbeit.
Jeder hat das Recht, seinen Beruf frei zu wählen.

Artikel 9 [Treuepflicht und Ehrenämter]
Jeder hat die Pflicht der Treue gegen Volk und Verfassung. Er hat die Pflicht, am öffentlichen Leben Anteil zu nehmen und seine Kräfte zum Wohle der Allgemeinheit einzusetzen. Er ist nach Maßgabe der Gesetze verpflichtet, Ehrenämter anzunehmen.

Artikel 10 [Gegenseitige Hilfeleistungen]
Bei Unglücksfällen, Notständen und Naturkatastrophen besteht eine allgemeine Verpflichtung zu gegenseitiger Hilfeleistung.

Artikel 11[1] [Freiheit von Kunst, Wissenschaft und Lehre]
Die Kunst, die Wissenschaft und ihre Lehre sind frei.
Der Staat gewährt ihnen Schutz und nimmt an ihrer Pflege teil.
Der Staat schützt und fördert das kulturelle Leben.

Artikel 11a[2] [Natürliche Lebensgrundlagen]
Staat, Gemeinden und Körperschaften des öffentlichen Rechts tragen Verantwortung für die natürlichen Lebensgrundlagen. Daher gehört es auch zu ihren vorrangigen Aufgaben, Boden, Wasser und Luft zu schützen, mit Naturgütern und Energie sparsam umzugehen sowie die heimischen Tier- und Pflanzenarten und ihre natürliche Umgebung zu schonen und zu erhalten.
Schäden im Naturhaushalt sind zu beheben oder auszugleichen.

Artikel 11b[3] [Tierschutz]
Tiere werden als Lebewesen und Mitgeschöpfe geachtet. Sie werden vor nicht artgemäßer Haltung und vermeidbarem Leiden geschützt.

Artikel 12[4] [Schutz der Persönlichkeit]
Der Mensch steht höher als Technik und Maschine.
Zum Schutz der menschlichen Persönlichkeit und des menschlichen Zusammenlebens kann durch Gesetz die Benutzung wissenschaftlicher Erfindungen und technischer Einrichtungen unter staatliche Aufsicht und Lenkung gestellt sowie beschränkt und untersagt werden.
Jeder hat das Recht auf Schutz seiner personenbezogenen Daten. Einschränkungen dieses Rechts sind nur im überwiegenden Interesse der Allgemeinheit oder eines Dritten durch Gesetz oder aufgrund eines Gesetzes zulässig.
Jeder hat nach Maßgabe der Gesetze ein Recht auf Auskunft darüber, welche Informationen über ihn in Akten und Dateien gespeichert sind, und auf Einsicht in ihn betreffende Akten und Dateien.

---

1 Art. 11 wurde geändert durch Gesetz vom 9. 10. 1997 (Brem.GBl. S. 353)
2 Art. 11a wurde durch Gesetz vom 9. 12. 1986 (Brem.GBl. S. 283) eingefügt.
3 Art. 11b wurde eingefügt durch Gesetz vom 16. 12. 1997 (Brem.GBl. S. 629)
4 Art. 12 wurde geändert durch Gesetz vom 9. 10. 1997 (Brem.GBl. S. 353)

Der Schutz der personenbezogenen Daten ist auch bei Stellen außerhalb des öffentlichen Bereichs zu gewährleisten, soweit diese Aufgaben der öffentlichen Verwaltung wahrnehmen.

Artikel 13 [Eigentum, Erbrecht, Enteignung]

Eigentum verpflichtet gegenüber der Gemeinschaft. Sein Gebrauch darf dem Gemeinwohl nicht zuwiderlaufen. Unter diesen Voraussetzungen werden Eigentum und Erbrecht gewährleistet.

Eigentum darf nur zu Zwecken des Gemeinwohls, auf gesetzlicher Grundlage und, vorbehaltlich der Bestimmung des Artikels 44, nur gegen angemessene Entschädigung entzogen werden.

Artikel 14 [Wohnung]

Jeder Bewohner der Freien Hansestadt Bremen hat Anspruch auf eine angemessene Wohnung. Es ist Aufgabe des Staates und der Gemeinden, die Verwirklichung dieses Anspruchs zu fördern.

Die Wohnung ist unverletzlich. Zur Bekämpfung von Seuchengefahr und zum Schutz gefährdeter Jugendlicher können die Verwaltungsbehörden durch Gesetz zu Eingriffen und zu Einschränkungen ermächtigt werden.

Durchsuchungen sind nur in den vom Gesetz vorgesehenen Fällen und Formen zulässig. Die Anordnung von Durchsuchungen steht dem Richter und nur bei Gefahr im Verzuge oder bei Verfolgung auf frischer Tat auch der Staatsanwaltschaft und ihren Hilfsbeamten zu; eine von der Staatsanwaltschaft oder ihren Hilfsbeamten angeordnete Durchsuchung bedarf jedoch der nachträglichen Genehmigung des Richters.

Artikel 15 [Freie Meinung]

Jeder hat das Recht, im Rahmen der verfassungsmäßigen Grundrechte seine Meinung frei und öffentlich durch Schrift, Wort, Druck, Bild oder in sonstiger Weise zu äußern. Diese Freiheit darf auch durch ein Dienstverhältnis nicht beschränkt werden. Niemandem darf ein Nachteil widerfahren, wenn er von diesem Recht Gebrauch macht.

Eine Zensur ist unstatthaft.

Wer gesetzliche Bestimmungen zum Schutze der Jugend verletzt, kann sich nicht auf das Recht der freien Meinungsäußerung berufen.

Das Postgeheimnis ist unverletzlich. Eine Ausnahme ist nur in einem Strafverfahren, in den vom Gesetz vorgeschriebenen Fällen und Formen und auf Grund einer richterlichen Anordnung zulässig. Bei Gefahr im Verzuge können auch die Staatsanwaltschaft und ihre Hilfsbeamten eine Beschlagnahme von Postsachen anordnen.

Das Recht, sich über die Meinung anderer zu unterrichten, insbesondere durch den Bezug von Druckerzeugnissen und durch den Rundfunk, darf nicht eingeschränkt werden.

Artikel 16 [Versammlungsfreiheit]

Das Recht, sich friedlich und unbewaffnet zu versammeln, ohne daß es einer Anmeldung oder Erlaubnis bedürfte, steht allen Bewohnern der Freien Hansestadt Bremen zu.

Versammlungen unter freiem Himmel können durch Gesetz anmeldepflichtig gemacht werden. Bei unmittelbarer Gefährdung der öffentlichen Sicherheit können sie durch die Landesregierung verboten werden.

Artikel 17 [Vereinigungsfreiheit]

Das Recht, sich zu gesetzlich zulässigen Zwecken zu Vereinen oder Gesellschaften zusammenzuschließen, steht allen Bewohnern der Freien Hansestadt Bremen zu.
Durch Gesetz sind Vereinigungen zu verbieten, die die Demokratie oder eine Völkerverständigung gefährden.

Artikel 18 [Freizügigkeit]

Das Recht der Freizügigkeit und der Auswanderung ins Ausland steht jedem Bewohner der Freien Hansestadt Bremen zu.

Artikel 19 [Recht auf Widerstand]

Wenn die in der Verfassung festgelegten Menschenrechte durch die öffentliche Gewalt verfassungswidrig angetastet werden, ist Widerstand jedermanns Recht und Pflicht.

Artikel 20 [Unzulässige Verfassungsänderung]

Verfassungsänderungen, die die in diesem Abschnitt enthaltenen Grundgedanken der allgemeinen Menschenrechte verletzen, sind unzulässig.
Die Grundrechte und Grundpflichten binden den Gesetzgeber, den Verwaltungsbeamten und den Richter unmittelbar.
Artikel 1 und Artikel 20 sind unabänderlich.

Zweiter Hauptteil
Ordnung des sozialen Lebens

1. Abschnitt
Die Familie

Artikel 21 [Ehe und Familie]

Ehe und Familie bilden die Grundlage des Gemeinschaftslebens und haben darum Anspruch auf den Schutz und die Förderung des Staates.

Artikel 22[1] [Gleichberechtigung]

Mann und Frau haben in der Ehe die gleichen bürgerlichen Rechte und Pflichten.
Die häusliche Arbeit und die Kindererziehung werden der Erwerbstätigkeit gleichgesetzt.

---

1 Art. 22 wurde geändert durch Gesetz vom 9. 10. 1997 (Brem.GBl. S. 353)

Artikel 23 [Erziehungsrecht]

Die Eltern haben das Recht und die Pflicht, ihre Kinder zu aufrechten und lebenstüchtigen Menschen zu erziehen. Staat und Gemeinde leisten ihnen hierbei die nötige Hilfe.

In persönlichen Erziehungsfragen ist der Wille der Eltern maßgebend.

Das Erziehungsrecht kann den Eltern nur durch Richterspruch nach Maßgabe des Gesetzes entzogen werden.

Artikel 24 [Uneheliche Kinder]

Eheliche und uneheliche Kinder haben den gleichen Anspruch auf Förderung und werden im beruflichen und öffentlichen Leben gleich behandelt.

Artikel 25 [Schutz der Jugend]

Es ist Aufgabe des Staates, die Jugend vor Ausbeutung und vor körperlicher, geistiger und sittlicher Verwahrlosung zu schützen.

Fürsorgemaßnahmen, die auf Zwang beruhen, bedürfen der gesetzlichen Grundlage.

2. Abschnitt
Erziehung und Unterricht

Artikel 26[1] [Erziehung und Bildung der Jugend]

Die Erziehung und Bildung der Jugend hat im wesentlichen folgende Aufgaben:
1. Die Erziehung zu einer Gemeinschaftsgesinnung, die auf der Achtung vor der Würde jedes Menschen und auf dem Willen zu sozialer Gerechtigkeit und politischer Verantwortung beruht, zur Sachlichkeit und Duldsamkeit gegenüber den Meinungen anderer führt und zur friedlichen Zusammenarbeit mit anderen Menschen und Völkern aufruft.
2. Die Erziehung zu einem Arbeitswillen, der sich dem allgemeinen Wohl einordnet, sowie die Ausrüstung mit den für den Eintritt ins Berufsleben erforderlichen Kenntnissen und Fähigkeiten.
3. Die Erziehung zum eigenen Denken, zur Achtung vor der Wahrheit, zum Mut, sie zu bekennen und das als richtig und notwendig Erkannte zu tun.
4. Die Erziehung zur Teilnahme am kulturellen Leben des eigenen Volkes und fremder Völker.
5. Die Erziehung zum Verantwortungsbewußtsein für Natur und Umwelt.

Artikel 27 [Recht auf Bildung]

Jeder hat nach Maßgabe seiner Begabung das gleiche Recht auf Bildung.

Dieses Recht wird durch öffentliche Einrichtungen gesichert.

Artikel 28 [Staatsaufsicht]

Das Schulwesen steht unter der Aufsicht des Staates.

---

1 Art. 26 Nr. 5 wurde eingefügt durch Gesetz vom 9. 12. 1986 (Brem.GBl. S. 283)

Artikel 29 [Privatschulen]

Privatschulen können auf Grund staatlicher Genehmigung errichtet und unter Beobachtung der vom Gesetz gestellten Bedingungen betrieben werden. Das Nähere bestimmt das Gesetz unter Berücksichtigung des Willens der Erziehungsberechtigten.

Artikel 30 [Schulpflicht]

Es besteht allgemeine Schulpflicht. Das Nähere bestimmt das Gesetz.

Artikel 31 [Lehr- und Lernmittelfreiheit, Begabtenförderung]

Das öffentliche Schulwesen ist organisch auszugestalten.
Der Unterricht ist an allen öffentlichen Schulen unentgeltlich.
Lehr- und Lernmittel werden unentgeltlich bereitgestellt.
Minderbemittelten ist bei entsprechender Begabung der über die allgemeine Schulpflicht hinausgehende Besuch der Höheren Schule, der Fachschule oder der Hochschule durch Beihilfen und andere Maßnahmen zu ermöglichen. Das Nähere regelt das Gesetz.

Artikel 32 [Gemeinschaftsschulen und Religionsunterricht]

Die allgemeinbildenden öffentlichen Schulen sind Gemeinschaftsschulen mit bekenntnismäßig nicht gebundenem Unterricht in Biblischer Geschichte auf allgemein christlicher Grundlage.
Unterricht in Biblischer Geschichte wird nur von Lehrern erteilt, die sich dazu bereit erklärt haben. Über die Teilnahme der Kinder an diesem Unterricht entscheiden die Erziehungsberechtigten.
Kirchen, Religions- und Weltanschauungsgemeinschaften haben das Recht, außerhalb der Schulzeit in ihrem Bekenntnis oder in ihrer Weltanschauung diejenigen Kinder zu unterweisen, deren Erziehungsberechtigte dies wünschen.

Artikel 33 [Grundsatz der Duldsamkeit]

In allen Schulen herrscht der Grundsatz der Duldsamkeit. Der Lehrer hat in jedem Fach auf die religiösen und weltanschaulichen Empfindungen aller Schüler Rücksicht zu nehmen.

Artikel 34 [Hochschulen]

Die Hochschulen sind in der Regel staatlich. Sie können auch in Gemeinschaft mit anderen Ländern oder als Zweig einer Hochschule eines anderen Landes errichtet und unterhalten werden.

Artikel 35 [Erwachsenenbildung]

Allen Erwachsenen ist durch öffentliche Einrichtungen die Möglichkeit zur Weiterbildung zu geben.

Artikel 36 [Jugendorganisationen]
Der Staat gewährt den Jugendorganisationen Schutz und Förderung.

Artikel 36a[1] [Jugendorganisationen]
Der Staat pflegt und fördert den Sport.

3. Abschnitt
Arbeit und Wirtschaft

Artikel 37 [Schutz der Arbeit]
Die Arbeit steht unter dem besonderen Schutz des Staates.
Jede Arbeit hat den gleichen sittlichen Wert.

Artikel 38 [Verpflichtungen der Wirtschaft]
Die Wirtschaft hat dem Wohle des ganzen Volkes und der Befriedigung seines Bedarfs zu dienen.
Die Wirtschaft der Freien Hansestadt Bremen ist ein Glied der einheitlichen deutschen Wirtschaft und hat in ihrem Rahmen die besondere Aufgabe, Seehandel, Seeschiffahrt und Seefischerei zu pflegen.

Artikel 39 [Förderung der Wirtschaft]
Der Staat hat die Pflicht, die Wirtschaft zu fördern, eine sinnvolle Lenkung der Erzeugung, der Verarbeitung und des Warenverkehrs durch Gesetze zu schaffen, jedermann einen gerechten Anteil an dem wirtschaftlichen Ertrag aller Arbeit zu sichern und ihn vor Ausbeutung zu schützen.
Im Rahmen der hierdurch gezogenen Grenzen ist die wirtschaftliche Betätigung frei.

Artikel 40 [Schutz von Klein- und Mittelbetrieben]
Selbständige Klein- und Mittelbetriebe in Landwirtschaft, Industrie, Handwerk, Handel und Schiffahrt sind durch Gesetzgebung und Verwaltung zu schützen und zu fördern.
Genossenschaften aller Art und gemeinnützige Unternehmen sind als Form der Gemeinwirtschaft zu fördern.

Artikel 41[2] [Unzulässigkeit von Monopolen]
Die Aufrechterhaltung oder Bildung aller die Freiheit des Wettbewerbs beschränkenden privaten Zusammenschlüsse in der Art von Monopolen, Konzernen, Trusts, Kartellen und Syndikaten ist in der Freien Hansestadt Bremen untersagt. Unternehmen, die solchen Zusammenschlüssen angehören, haben mit Inkrafttreten dieser Verfassung daraus auszuscheiden.
Durch Gesetz können Ausnahmen zugelassen werden.

---

[1] Art. 36a wurde eingefügt durch Gesetz vom 9. 10. 1997 (Brem.GBl. S. 353)
[2] Art. 41 und Art. 42 wurden geändert durch Gesetz vom 26. 3. 1996 (Brem.GBl. S. 81)

Artikel 42[1] [Überführung in Gemeineigentum]
I. Durch Gesetz sind in Gemeineigentum zu überführen:
   a) Unternehmen, die den im Artikel 41 bezeichneten Zusammenschlüssen angehört haben und auch nach ihrem Ausscheiden aus diesen Zusammenschlüssen noch eine Macht innerhalb der deutschen Wirtschaft verkörpern, die die Gefahr eines politischen, wirtschaftlichen oder sozialen Mißbrauchs in sich schließt.
   b) Unternehmen, deren Wirtschaftszweck besser in gemeinwirtschaftlicher Form erreicht werden kann.
II. Durch Gesetz können in Gemeineigentum überführt werden:
   a) Unternehmen, die eine nicht auf eigener technischer Leistung beruhende Monopolstellung innerhalb der deutschen Wirtschaft einnehmen.
   b) Die mit öffentlichen Mitteln für Rüstungszwecke geschaffenen Betriebe und die daraus entstandenen neuen Unternehmen.
   c) Unternehmen, die volkswirtschaftlich notwendig sind, aber nur durch laufende staatliche Kredite, Subventionen oder Garantien bestehen können.
   d) Unternehmen, die aus eigensüchtigen Beweggründen volkswirtschaftlich notwendige Güter verschwenden oder die sich beharrlich den Grundsätzen der sozialen Wirtschaftsverfassung widersetzen.
III. Ob diese Voraussetzungen vorliegen und welche Unternehmen davon betroffen werden, ist in jedem Falle durch Gesetz zu bestimmen.

Artikel 43[2] [Verwaltung der in Gemeineigentum überführten Betriebe]

Die Überführung in Gemeineigentum bedeutet, daß das Eigentum des Unternehmens entweder in das Eigentum des Landes Bremen oder nach der Belegenheit in das Eigentum der Stadtgemeinde Bremen oder der Stadtgemeinde Bremerhaven oder in das Eigentum eines besonderen gemeinnützigen Rechtsträgers überführt oder mehreren von ihnen anteilmäßig übertragen wird. Die Verwaltung des in Gemeineigentum überführten Betriebes ist unter Wahrung der im Wirtschaftsleben erforderlichen Entschlußkraft und selbständigen Betätigung der Leitung so zu gestalten, daß eine höchste Leistungsfähigkeit erzielt wird. Das Nähere regelt das Gesetz.

Artikel 44 [Entschädigung]

Bei der Festsetzung der angemessenen Entschädigung für Unternehmen, die in Gemeineigentum überführt werden, ist zu berücksichtigen, ob und in welchem Umfange die Unternehmen auf Kosten der Allgemeinheit, insbesondere aus Kriegsgewinnen entstanden oder erweitert sind. Insoweit ist eine Entschädigung zu versagen.

---

1 Art. 41 und Art. 42 wurden geändert durch Gesetz vom 26. 3. 1996 (Brem.GBl. S. 81)
2 Artikel 43 wurde geändert durch Gesetze vom 26. 3. 1996 (Brem.GBl. S. 81) und vom 3. 3. 1998 (Brem. GBl. S. 83)

Artikel 45 [Verteilung und Nutzung des Grundbesitzes]
1. Der Staat übt eine Aufsicht darüber aus, wie der Grundbesitz verteilt ist und wie er genutzt wird. Er hat das Fortbestehen und die Neubildung von übermäßig großem Grundbesitz zu verhindern.
2. Enteignet werden kann Grundbesitz auf gesetzlicher Grundlage,
    a) soweit er eine bestimmte, vom Gesetz vorgeschriebene Größe übersteigt,
    b) soweit sein Erwerb zur Befriedigung des Wohnungsbedürfnisses, zur Förderung der Siedlung und Urbarmachung oder zur Hebung der Landwirtschaft nötig ist,
    c) soweit sein Erwerb zur Schaffung lebensnotwendiger Anlagen wirtschaftlicher und sozialer Art erforderlich ist.
3. Eine Umlegung von Grundstücken ist nach näherer gesetzlicher Regelung vorzunehmen,
    a) zur Herbeiführung einer besseren wirtschaftlichen Nutzung getrennt liegender landwirtschaftlicher Grundstücke,
    b) zur Durchführung einer Stadt- oder Landesplanung, insbesondere auch in kriegszerstörten Gebieten sowie zur Erschließung von Baugelände und zur Herbeiführung einer zweckmäßigen Gestaltung von Baugrundstücken.
    Durch Gesetz kann vorgeschrieben werden, daß zu öffentlichen Zwecken, insbesondere für Straßen, Plätze, Grün- und Erholungsflächen, Wasserzüge und ähnliche öffentliche Einrichtungen Grundflächen der Umlegungsmasse ohne Entschädigung in das Eigentum des Staates oder der Gemeinde übergehen.
4. Grundbesitz ist der Spekulation zu entziehen. Steigerungen des Bodenwertes, die ohne besonderen Arbeits- oder Kapitalaufwand des Eigentümers entstehen, sind für die Allgemeinheit nutzbar zu machen.
5. Bei Grundbesitz, der landwirtschaftlichen, forstwirtschaftlichen oder gartenwirtschaftlichen Zwecken dient, sind durch Gesetz Maßnahmen zu treffen, daß der Grundbesitz ordnungsmäßig bewirtschaftet wird. Das Gesetz kann vorsehen, daß ein Grundstück, das trotz behördlicher Anmahnung nicht ordnungsmäßig bewirtschaftet wird, von einem Treuhänder verwaltet oder einem anderen zur Nutzung auf Zeit übertragen, in besonderen Fällen auch enteignet wird.

Artikel 46[1] [fortgefallen]

Artikel 47 [Betriebsvertretungen]

Alle Personen in Betrieben und Behörden erhalten gemeinsame Betriebsvertretungen, die in allgemeiner, gleicher, geheimer und unmittelbarer Wahl von den Arbeitnehmern zu wählen sind.

Die Betriebsvertretungen sind dazu berufen, im Benehmen mit den Gewerkschaften gleichberechtigt mit den Unternehmern in wirtschaftlichen, sozialen und personellen Fragen des Betriebes mitzubestimmen.

Das hierfür geltende Recht wird das Gesetz über die Betriebsvertretungen unter Beachtung des Grundsatzes schaffen, daß zentrales Recht Landesrecht bricht. In dem Gesetz sind die

---

1 Art. 46 wurde aufgehoben durch Gesetz vom 26. 3. 1996 (Brem.GBl. S. 81)

öffentlich-rechtlichen Befugnisse der zuständigen Stellen des Landes und der Gemeinden sowie die parlamentarische Verantwortlichkeit bei den Behörden und bei den Betrieben, die in öffentlicher Hand sind, zu wahren.

Artikel 48 [Arbeitnehmer- und Unternehmervereinigungen]
Arbeitnehmer und Unternehmer haben die Freiheit, sich zu vereinigen, um die Arbeits- und Wirtschaftsbedingungen zu gestalten. Niemand darf gehindert oder gezwungen werden, Mitglied einer solchen Vereinigung zu werden.

Artikel 49 [Schutz der Arbeitskraft]
Die menschliche Arbeitskraft genießt den besonderen Schutz des Staates.
Der Staat ist verpflichtet, geeignete Maßnahmen zu treffen, daß jeder, der auf Arbeit angewiesen ist, durch Arbeit seinen Lebensunterhalt erwerben kann.
Wer ohne Schuld arbeitslos ist, hat Anspruch auf Unterhalt für sich und seine unterhaltsberechtigten Angehörigen.

Artikel 50 [Arbeitsrecht]
Für alle Personen in Betrieben und Behörden ist ein neues soziales Arbeitsrecht zu schaffen.
Im Rahmen dieses Arbeitsrechts können Gesamtvereinbarungen nur zwischen den Vereinigungen der Arbeitnehmer und Unternehmer oder ihren Vertretungen abgeschlossen werden. Sie schaffen verbindliches Recht, das grundsätzlich nur zugunsten der Arbeitnehmer abbedungen werden kann.

Artikel 51 [Schlichtung und Streikrecht]
Das Schlichtungswesen wird gesetzlich geregelt. Die zuständigen staatlichen Schlichtungsstellen haben die Aufgabe, eine Verständigung zwischen den Beteiligten zu fördern und auf Antrag einer oder beider Parteien oder auf Antrag des Senats Schiedssprüche zu fällen.
Die Schiedssprüche können aus Gründen des Gemeinwohls für verbindlich oder allgemein verbindlich erklärt werden.
Das Streikrecht der wirtschaftlichen Vereinigungen wird anerkannt.

Artikel 52 [Arbeitsbedingungen]
Die Arbeitsbedingungen müssen die Gesundheit, die Menschenwürde, das Familienleben und die wirtschaftlichen und kulturellen Bedürfnisse des Arbeitnehmers sichern. Sie haben insbesondere die leibliche, geistige und sittliche Entwicklung der Jugendlichen zu fördern.
Kinderarbeit ist verboten.

Artikel 53 [Gleicher Lohn]
Bei gleicher Arbeit haben Jugendliche und Frauen Anspruch auf den gleichen Lohn, wie ihn die Männer erhalten.
Der Frau steht bei gleicher Eignung ein gleichwertiger Arbeitsplatz zu.

Artikel 54 [Mutterschutz]

Durch Gesetz sind Einrichtungen zum Schutz der Mütter und Kinder zu schaffen und die Gewähr, daß die Frau ihre Aufgabe im Beruf und als Bürgerin mit ihren Pflichten als Frau und Mutter vereinen kann.

Artikel 55 [Sonn- und Feiertage, Achtstundentag]

Der 1. Mai ist gesetzlicher Feiertag als Bekenntnis zu sozialer Gerechtigkeit und Freiheit, zu Frieden und Völkerverständigung.
Der Achtstundentag ist der gesetzliche Arbeitstag.
Alle Sonn- und gesetzlichen Feiertage sind arbeitsfrei.
Ausnahmen können durch Gesetz oder Gesamtvereinbarungen zugelassen werden, wenn die Art der Arbeit oder das Gemeinwohl es erfordern.
Das Arbeitsentgelt für die in die Arbeitszeit fallenden gesetzlichen Feiertage wird weitergezahlt.

Artikel 56 [Anspruch auf Urlaub]

Jeder Arbeitende hat Anspruch auf einen bezahlten, zusammenhängenden Urlaub von mindestens 12 Arbeitstagen im Jahr. Dieser Anspruch ist unabdingbar und kann auch nicht abgegolten werden.
Näheres wird durch Gesetz oder Vereinbarungen der beteiligten Stellen geregelt.

Artikel 57 [Sozialversicherung]

Es ist eine das gesamte Volk verbindende Sozialversicherung zu schaffen.
Die Sozialversicherung hat die Aufgabe, den Gesundheitszustand des Volkes, auch durch vorbeugende Maßnahmen, zu heben, Kranken, Schwangeren und Wöchnerinnen jede erforderliche Hilfe zu leisten und eine ausreichende Versorgung für Erwerbsbeschränkte, Erwerbsunfähige und Hinterbliebene sowie im Alter zu sichern.
Leistungen sind in einer Höhe zu gewähren, die den notwendigen Lebensunterhalt sichern.
Die Sozialversicherung ist sinnvoll aufzubauen. Die Selbstverwaltung der Versicherten wird anerkannt. Ihre Organe werden in allgemeiner, gleicher und geheimer Wahl gewählt.
Das Nähere bestimmt das Gesetz.

Artikel 58 [Lebensunterhalt aus öffentlichen Mitteln]

Wer nicht in der Lage ist, für sich und seine unterhaltsberechtigten Angehörigen den notwendigen Lebensunterhalt zu erwerben, erhält ihn aus öffentlichen Mitteln, wenn er ihn nicht aus vorhandenem Vermögen bestreiten kann oder einen gesetzlichen oder anderweitigen Anspruch auf Lebensunterhalt hat.
Durch den Bezug von Unterstützung aus öffentlichen Mitteln dürfen staatsbürgerliche Rechte nicht beeinträchtigt werden.

4. Abschnitt
Kirchen und Religionsgesellschaften

Artikel 59 [Trennung Kirche – Staat]

Die Kirchen und Religionsgesellschaften sind vom Staate getrennt. Jede Kirche, Religions- und Weltanschauungsgemeinschaft ordnet und verwaltet ihre sämtlichen Angelegenheiten selber im Rahmen der für alle geltenden Gesetze. Sie verleiht ihre Ämter ohne Mitwirkung des Staates oder der bürgerlichen Gemeinde.

Artikel 60 [Vereinigungsfreiheit für Religionsgemeinschaften]

Die Freiheit der Vereinigung zu Religions- und Weltanschauungsgemeinschaften wird gewährleistet.

Niemand darf gezwungen oder gehindert werden, an einer kirchlichen Handlung oder Feierlichkeit oder religiösen Übung teilzunehmen oder eine religiöse Eidesformel zu benutzen.

Artikel 61 [Körperschaften öffentlichen Rechts]

Kirchen, Religions- und Weltanschauungsgemeinschaften bleiben Körperschaften des öffentlichen Rechts, soweit sie es bisher waren. Anderen Religions- oder Weltanschauungsgemeinschaften kann durch Gesetz die gleiche Rechtsstellung verliehen werden, wenn sie durch ihre Verfassung und die Zahl ihrer Mitglieder die Gewähr der Dauer bieten.

Artikel 62 [Anstaltsseelsorge]

Soweit in öffentlichen Krankenhäusern, Strafanstalten oder sonstigen öffentlichen Anstalten der Wunsch nach Gottesdienst und Seelsorge geäußert wird, sind die Kirchen, Religions- und Weltanschauungsgemeinschaften zuzulassen. Dabei hat jede Art von Nötigung zur Teilnahme zu unterbleiben.

Artikel 63 [Gemeinnützige Einrichtungen]

Die von den anerkannten Religions- und Weltanschauungsgemeinschaften oder ihren Organisationen unterhaltenen Krankenhäuser, Schulen, Fürsorgeanstalten und ähnlichen Häuser gelten als gemeinnützige Einrichtungen.

Dritter Hauptteil
Aufbau und Aufgaben des Staates

1. Abschnitt
Allgemeines

Artikel 64[1] [Freie Hansestadt]

Der bremische Staat führt den Namen »Freie Hansestadt Bremen« und ist ein Glied der deutschen Republik und Europas.

Artikel 65[2] [Bekenntnis zur Demokratie]

Die Freie Hansestadt Bremen bekennt sich zu Demokratie, sozialer Gerechtigkeit, Freiheit, Schutz der natürlichen Umwelt, Frieden und Völkerverständigung.
Sie fördert die grenzüberschreitende regionale Zusammenarbeit, die auf den Aufbau nachbarschaftlicher Beziehungen, auf das Zusammenwachsen Europas und auf die friedliche Entwicklung der Welt gerichtet ist.
Die Freie Hansestadt Bremen bekennt sich zum Zusammenhalt der Gemeinden des Landes und wirkt auf gleichwertige Lebensverhältnisse hin.

Artikel 66 [Träger der Staatsgewalt]

Die Staatsgewalt geht vom Volke aus.
Sie wird nach Maßgabe dieser Verfassung und der auf Grund der Verfassung erlassenen Gesetze ausgeübt:
a) unmittelbar durch die Gesamtheit der stimmberechtigten Bewohner des bremischen Staatsgebietes, die ihren Willen durch Abstimmung (Volksentscheid) und durch Wahl zur Volksvertretung (Landtag) äußert.
b) mittelbar durch den Landtag (Bürgerschaft) und die Landesregierung (Senat).

Artikel 67 [Gewaltenteilung]

Die gesetzgebende Gewalt steht ausschließlich dem Volk (Volksentscheid) und der Bürgerschaft zu.
Die vollziehende Gewalt liegt in den Händen des Senats und der nachgeordneten Vollzugsbehörden.
Die richterliche Gewalt wird durch unabhängige Richter ausgeübt.

Artikel 68 [Wappen, Flaggen]

Die Freie Hansestadt Bremen führt ihre bisherigen Wappen und Flaggen.

---

1 Art. 64 wurde geändert durch Gesetz vom 7. 11. 1994 (Brem.GBl. S. 289)
2 Art. 65 wurde geändert durch Gesetz vom 9. 12. 1986 (Brem.GBl. S. 283) und neugefaßt durch Gesetz vom 7. 11. 1994 (Brem.GBl. S. 289)

2. Abschnitt
Volksentscheid, Landtag und Landesregierung

I. Der Volksentscheid

Artikel 69[1] [Stimmberechtigung – Abstimmung]

Beim Volksentscheid ist stimmberechtigt, wer zur Bürgerschaft wahlberechtigt ist.
Die Abstimmung ist allgemein, gleich, unmittelbar, frei und geheim; sie kann nur bejahend oder verneinend lauten.
Der Abstimmungstag muß ein Sonntag oder allgemeiner öffentlicher Ruhetag sein.

Artikel 70[2] [Gegenstand des Volksentscheids]

Der Volksentscheid findet statt:
a) wenn die Bürgerschaft mit der Mehrheit ihrer Mitglieder eine Verfassungsänderung dem Volksentscheid unterbreitet;
b) wenn die Bürgerschaft eine andere zu ihrer Zuständigkeit gehörende Frage dem Volksentscheid unterbreitet;
c) wenn ein Fünftel der Stimmberechtigten die vorzeitige Beendigung der Wahlperiode verlangt;
d) wenn ein Zehntel der Stimmberechtigten das Begehren auf Beschlußfassung über einen Gesetzentwurf stellt. Soll die Verfassung geändert werden, muß ein Fünftel der Stimmberechtigten das Begehren unterstützen. Der Gesetzentwurf ist vom Senat unter Darlegung seiner Stellungnahme der Bürgerschaft zu unterbreiten. Der Volksentscheid findet nicht statt, wenn der begehrte Gesetzentwurf in der Bürgerschaft unverändert angenommen worden ist. Ist das Gesetz durch Volksentscheid abgelehnt, so ist ein erneutes Volksbegehren auf Vorlegung desselben Gesetzentwurfes erst zulässig, nachdem inzwischen die Bürgerschaft neu gewählt ist.
Ein Volksentscheid über den Haushaltsplan, über Dienstbezüge und über Steuern, Abgaben und Gebühren sowie über Einzelheiten solcher Gesetzesvorlagen ist unzulässig.

Artikel 71 [Ausgearbeiteter Gesetzentwurf]

Soll durch Volksentscheid ein Gesetz erlassen, abgeändert oder aufgehoben werden, so hat der Beschluß über die Herbeiführung eines Volksentscheides oder das Volksbegehren gleichzeitig einen ausgearbeiteten Gesetzentwurf zu enthalten.

Artikel 72[3] [Mehrheitsvoraussetzungen]

Ein Gesetzentwurf oder eine andere Vorlage nach Artikel 70 ist durch Volksentscheid angenommen, wenn die Mehrheit derjenigen, die ihre Stimme abgegeben haben, jedoch mindestens ein Viertel der Stimmberechtigten, zugestimmt hat.

---

1 Art. 69 und Art. 70 wurden neugefaßt durch Gesetz vom 7. 11. 1994 (Brem.GBl. S. 289)
2 Art. 69 und Art. 70 wurden neugefaßt durch Gesetz vom 7. 11. 1994 (Brem.GBl. S. 289)
3 Art. 72 wurde geändert durch Gesetz vom 9. 10. 1997 (Brem.GBl. S. 353)

Bei Verfassungsänderungen auf Grund eines Volksbegehrens muß mehr als die Hälfte der Stimmberechtigten für das Volksbegehren stimmen.

Artikel 73 [Verkündung]
Der Senat hat die durch Volksentscheid beschlossenen Gesetze innerhalb von zwei Wochen nach Feststellung des Abstimmungsergebnisses auszufertigen und im Bremischen Gesetzblatt zu verkünden.

Artikel 74 [Verfahren]
Das Verfahren beim Volksentscheid regelt ein besonderes Gesetz.

II. Der Landtag (Bürgerschaft)

Artikel 75[1] [Zusammensetzung, Wahl]
Die Mitglieder der Bürgerschaft werden in den Wahlbereichen Bremen und Bremerhaven auf vier Jahre in allgemeiner, gleicher, unmittelbarer, freier und geheimer Wahl gewählt.
Das Nähere, insbesondere über Wahlberechtigung und Wählbarkeit, bestimmt das Wahlgesetz.
Die Zahl der Mitglieder der Bürgerschaft wird durch Gesetz festgelegt.
Auf Wahlvorschläge, für die weniger als fünf vom Hundert der Stimmen im Wahlbereich Bremen bzw. im Wahlbereich Bremerhaven abgegeben werden, entfallen keine Sitze.
Gewählt wird innerhalb des letzten Monats der Wahlperiode der vorhergehenden Bürgerschaft, soweit die Verfassung nichts anderes bestimmt.
Der Wahltag muß ein Sonntag oder allgemeiner öffentlicher Ruhetag sein.

Artikel 76[2] [Vorzeitige Beendigung der Wahlperiode]
Die Wahlperiode kann vorzeitig beendet werden:
a) durch Beschluß der Bürgerschaft. Der Antrag muß von wenigstens einem Drittel der gesetzlichen Mitgliederzahl gestellt und mindestens zwei Wochen vor der Sitzung, auf deren Tagesordnung er gebracht wird, allen Abgeordneten und dem Senat mitgeteilt werden. Der Beschluß bedarf der Zustimmung von mindestens zwei Dritteln der Mitglieder der Bürgerschaft;
b) durch Volksentscheid, wenn ein Fünftel der Stimmberechtigten es verlangt (Volksbegehren).
Durch Volksentscheid kann die Wahlperiode nur vorzeitig beendet werden, wenn die Mehrheit der Stimmberechtigten zustimmt.

---

1 Art. 75 wurde neugefaßt durch Gesetz vom 8. 9. 1970 (Brem.GBl. S. 93) und erneut geändert durch Gesetz vom 7. 11. 1994 (Brem.GBl. S. 289)
2 Art. 76-78 wurden gestrichen durch Gesetz vom 8. 9. 1970 (Brem.GBl. S. 93) und wieder eingefügt durch Gesetz vom 7. 11. 1994 (Brem.GBl. S. 289)

Die Neuwahl findet spätestens an dem Sonntag oder allgemeinen öffentlichen Ruhetag statt, der auf den siebzigsten Tag nach der Entscheidung über die vorzeitige Beendigung der Wahlperiode folgt.

Artikel 77[1] [Fraktionen]

Fraktionen bestehen aus Mitgliedern der Bürgerschaft und werden von diesen in Ausübung des freien Mandats gebildet. Das Nähere regelt die Geschäftsordnung.
Fraktionen wirken mit eigenen Rechten und Pflichten als selbständige und unabhängige Gliederungen an der Arbeit der Bürgerschaft mit. Das Nähere, insbesondere die Ausstattung und Rechnungslegung, regelt ein Gesetz.
Ein Fraktionszwang ist unzulässig.

Artikel 78[2] [Parlamentarische Opposition]

Das Recht auf Bildung und Ausübung parlamentarischer Opposition wird gewährleistet. Oppositionsfraktionen haben das Recht auf politische Chancengleichheit sowie Anspruch auf eine zur Erfüllung ihrer besonderen Aufgaben erforderliche Ausstattung.

Artikel 79[3] [Unterrichtung durch den Senat]

Der Senat ist verpflichtet, die Bürgerschaft oder die zuständigen Ausschüsse oder Deputationen über die Vorbereitung von Gesetzen sowie über Grundsatzfragen der Landesplanung, der Standortplanung und Durchführung von Großvorhaben frühzeitig und vollständig zu unterrichten. Soweit Gegenstände von wesentlicher Bedeutung sind oder erhebliche finanzielle Auswirkungen haben, gilt das gleiche für die Zusammenarbeit mit dem Bund, den Ländern, anderen Staaten und der Europäischen Union.

Artikel 80 [Erlöschen der Mitgliedschaft]

Die Mitgliedschaft in der Bürgerschaft erlischt durch Verzicht oder durch Wegfall einer für die Wählbarkeit maßgebenden Voraussetzung. Der Verzicht ist dem Präsidenten der Bürgerschaft schriftlich mitzuteilen; er ist unwiderruflich.

Artikel 81 [Zusammentritt]

Die Bürgerschaft tritt innerhalb eines Monats nach Ablauf der Wahlperiode der vorhergehenden Bürgerschaft zusammen. Sie wird erstmalig von dem Vorstand der vorhergehenden Bürgerschaft einberufen.

---

1   Art. 76-78 wurden gestrichen durch Gesetz vom 8. 9. 1970 (Brem.GBl. S. 93) und wieder eingefügt durch Gesetz vom 7. 11. 1994 (Brem.GBl. S. 289)
2   Art. 76-78 wurden gestrichen durch Gesetz vom 8. 9. 1970 (Brem.GBl. S. 93) und wieder eingefügt durch Gesetz vom 7. 11. 1994 (Brem.GBl. S. 289)
3   Art. 79 wurde neugefaßt durch Gesetz vom 7. 11. 1994 (Brem.GBl. S. 289)

Artikel 82¹ [Aufwandsentschädigung]

Niemand darf bei der Übernahme oder Ausübung eines Mandats behindert oder benachteiligt werden.

Die Mitglieder der Bürgerschaft haben Anspruch auf ein angemessenes Entgelt.

Das Nähere regelt ein Gesetz.

Artikel 83² [Stellung der Abgeordneten]

Die Mitglieder der Bürgerschaft sind Vertreter der ganzen bremischen Bevölkerung. Sie sind verpflichtet, die Gesetze zu beachten und haben eine besondere Treuepflicht gegenüber der Freien Hansestadt Bremen. Im übrigen sind sie nur ihrem Gewissen unterworfen und an Aufträge und Weisungen nicht gebunden.

Sie sind verpflichtet, alle ihnen in ihrer Eigenschaft als Mitglieder der Bürgerschaft bekanntwerdenden vertraulichen Schriftstücke, Drucksachen, Verhandlungen der Bürgerschaft und ihrer Ausschüsse sowie der Behörden geheimzuhalten.

Artikel 84 [Interessenkonflikte]

Ein Mitglied der Bürgerschaft darf nicht bei Beratungen oder Entscheidungen mitwirken, die ihm selbst oder seinem Ehegatten, seinem Verwandten bis zum dritten oder Verschwägerten bis zum zweiten Grade oder einer von ihm kraft Gesetzes oder Vollmacht vertretenen Person unmittelbaren Vorteil oder Nachteil bringen können. Das gilt auch, wenn das Mitglied der Bürgerschaft

1. in der Angelegenheit in anderer als öffentlicher Eigenschaft ein Gutachten abgegeben hat oder sonst tätig geworden ist,
2. gegen Entgelt bei jemand beschäftigt ist, der an der Erledigung der Angelegenheit ein persönliches oder wirtschaftliches Sonderinteresse hat.

Diese Vorschriften gelten nicht, wenn ein Bürgerschaftsmitglied an der Entscheidung der Angelegenheit lediglich als Angehöriger eines Berufes oder einer Bevölkerungsgruppe beteiligt ist, deren gemeinsame Interessen durch die Angelegenheit berührt werden.

Darüber, ob die Voraussetzungen der Absätze 1 und 2 vorliegen, entscheidet der Vorstand der Bürgerschaft.

Wer an der Beratung nicht teilnehmen darf, muß den Beratungsraum verlassen.

Artikel 85 [Ausschluß von Abgeordneten]

Ein Mitglied der Bürgerschaft, das sein Amt ausnutzt, um sich oder anderen persönliche Vorteile zu verschaffen, oder das sich beharrlich weigert, die ihm als Bürgerschaftsmitglied obliegenden Geschäfte zu erfüllen, oder das der Pflicht der Verschwiegenheit zuwiderhandelt, kann durch Beschluß der Bürgerschaft ausgeschlossen werden. Ein Antrag auf Ausschließung muß von mindestens einem Viertel der gesetzlichen Mitgliederzahl der Bürgerschaft ausgehen; er ist an den Geschäftsordnungsausschuß zur Untersuchung und Berichterstattung zu verweisen. Der Betroffene kann nach Berichterstattung des Geschäftsordnungsausschusses in der Ver-

---

1 Art. 82 wurde neugefaßt durch Gesetz vom 7. 11. 1994 (Brem.GBl. S. 289)
2 Art. 83 wurde geändert durch Gesetz vom 9. 10. 1997 (Brem.GBl. S. 353)

sammlung selbst oder durch ein anderes Mitglied Erklärungen abgeben. Zur Beschlußfassung bedarf es einer Mehrheit von Dreivierteln der gesetzlichen Zahl der Mitglieder oder, falls weniger, jedoch mindestens die Hälfte der gesetzlichen Mitgliederzahl anwesend sind, der Einstimmigkeit.

Bei grober Ungebühr oder wiederholten Zuwiderhandlungen gegen die zur Aufrechterhaltung der Ordnung gegebenen Vorschriften kann ein Mitglied der Bürgerschaft von einer oder mehreren, höchstens drei Sitzungen durch Beschluß der Bürgerschaft ausgeschlossen werden.

Artikel 86[1] **[Vorstand]**

Die Bürgerschaft wählt für ihre Wahlperiode ihren Präsidenten, die Vizepräsidenten und die Schriftführer. Sie bilden den Vorstand.

Artikel 87[2] **[Anträge]**

Anträge auf Beratung und Beschlußfassung über einen Gegenstand können, sofern sie nicht vom Senat ausgehen, nur aus der Mitte der Bürgerschaft oder von Bürgern gestellt werden. Bürgeranträge müssen von mindestens zwei vom Hundert der Einwohner unterzeichnet sein, die das 16. Lebensjahr vollendet haben. Anträge zum Haushalt, zu Dienst- und Versorgungsbezügen, Abgaben und Personalentscheidungen sind nicht zulässig. Das Nähere regelt ein Gesetz.

Artikel 88[3] **[Sitzungen und Einberufung]**

Die Bürgerschaft hält ordentliche Sitzungen in den in der Geschäftsordnung festgelegten Zeitabständen ab, die jedoch in der Regel nicht länger als ein Monat sein dürfen.
Der Vorstand hat eine außerordentliche Versammlung einzuberufen, wenn die Bürgerschaft es beschließt, wenn der Senat es unter Mitteilung des zu beratenden Gegenstandes für erforderlich hält, oder wenn wenigstens ein Viertel der gesetzlichen Mitgliederzahl der Bürgerschaft schriftlich darauf anträgt.

Artikel 89 [Beschlußfähigkeit]

Zur Beschlußfähigkeit der Bürgerschaft ist eine Teilnahme der Hälfte ihrer Mitglieder erforderlich. Jedoch sind alle Beschlüsse gültig, die gefaßt sind, ohne daß die Beschlußfähigkeit angezweifelt worden ist.
Ausnahmsweise kann auch bei Anwesenheit einer geringeren Zahl von Mitgliedern ein Beschluß gültig gefaßt werden, wenn die Dringlichkeit des Gegenstandes keinen Aufschub gestattet und dies bei der Ladung zu der Versammlung ausdrücklich angezeigt worden ist. Ebenso ist zu verfahren, wenn der Senat beantragt, daß wegen Dringlichkeit des Gegenstandes diese Ausnahme eintritt.

---

1   Art. 86 und Art. 87 wurden neugefaßt durch Gesetz vom 7. 11. 1994 (Brem.GBl. S. 289)
2   Art. 86 und Art. 87 wurden neugefaßt durch Gesetz vom 7. 11. 1994 (Brem.GBl. S. 289)
3   Art. 88 Abs. 3 wurde aufgehoben durch Gesetz vom 7. 11. 1994 (Brem.GBl. S. 289)

Artikel 90[1] [Beschlußfassung]

Die Bürgerschaft faßt ihre Beschlüsse mit der Mehrheit der abgegebenen Stimmen, soweit die Verfassung nichts anderes bestimmt. Für die von der Bürgerschaft vorzunehmenden Wahlen können durch Gesetz oder Geschäftsordnung Ausnahmen zugelassen werden.

Artikel 91[2] [Öffentlichkeit der Verhandlungen]

Die Sitzungen der Bürgerschaft sind öffentlich.
Auf Antrag von einem Drittel der Mitglieder der Bürgerschaft oder auf Antrag des Senats kann die Öffentlichkeit mit Zweidrittelmehrheit der anwesenden Abgeordneten ausgeschlossen werden. Über den Antrag wird in nichtöffentlicher Sitzung entschieden.

Artikel 92[3] [Aufgaben des Präsidenten]

Der Präsident der Bürgerschaft eröffnet, leitet und schließt die Beratungen.
Ihm liegt die Aufrechterhaltung der Ruhe und Ordnung sowohl in der Versammlung selbst als auch unter den Zuhörern ob. Wird die Ruhe durch die Zuhörer gestört, so kann er ihre Entfernung veranlassen.
Der Präsident der Bürgerschaft verfügt über die Einnahmen und Ausgaben der Bürgerschaft nach Maßgabe des Haushalts und vertritt die Freie Hansestadt Bremen in allen Rechtsgeschäften und Rechtsstreitigkeiten der Bürgerschaft.
Der Vorstand der Bremischen Bürgerschaft ist Dienstvorgesetzter aller im Dienste der Bremischen Bürgerschaft stehenden Personen, er stellt sie ein und entläßt sie. Dabei hat er den Stellenplan zu beachten.

Artikel 93 [Sitzungsbericht]

Wegen wahrheitsgetreuer Berichte über die Verhandlungen in den öffentlichen Sitzungen der Bürgerschaft kann niemand zur Verantwortung gezogen werden.

Artikel 94 [Indemnität]

Kein Mitglied der Bürgerschaft darf zu irgendeiner Zeit wegen seiner Abstimmung oder wegen der in Ausübung seiner Abgeordnetentätigkeit getanen Äußerungen gerichtlich oder dienstlich verfolgt oder sonst außerhalb der Bürgerschaft zur Verantwortung gezogen werden.

Artikel 95 [Immunität]

Kein Mitglied der Bürgerschaft kann ohne Genehmigung der Bürgerschaft während der Sitzungsperiode wegen einer mit Strafe bedrohten Handlung zur Untersuchung gezogen oder verhaftet werden, es sei denn, daß das Mitglied bei Ausübung der Tat oder spätestens im Laufe des folgenden Tages festgenommen ist.
Die gleiche Genehmigung ist bei jeder anderen Beschränkung der persönlichen Freiheit erforderlich, die die Ausübung der Abgeordnetentätigkeit beeinträchtigt.

---

1 Art. 90 wurde neugefaßt durch Gesetz vom 7. 11. 1994 (Brem.GBl. S. 289)
2 Art. 91 Abs. 2 wurde geändert durch Gesetz vom 7. 11. 1994 (Brem.GBl. S. 289)
3 Art. 92 Abs. 4 wurde eingefügt durch Gesetz vom 16. 1. 1953 (Brem.GBl. S. 7)

Jedes Strafverfahren gegen ein Mitglied der Bürgerschaft und jede Haft oder sonstige Beschränkung seiner persönlichen Freiheit ist auf Verlangen der Bürgerschaft für die Dauer der Sitzungsperiode zu unterbrechen.

Für ein Mitglied, das wegen einer ihm als verantwortlichen Schriftleiter einer Zeitung oder Zeitschrift vorgeworfenen strafbaren Handlung verfolgt werden soll, gelten diese Bestimmungen nicht.

Artikel 96[1] [Zeugnisverweigerungsrecht]

Die Mitglieder der Bürgerschaft sind berechtigt, über Personen, die ihnen in ihrer Eigenschaft als Abgeordneten Tatsachen anvertrauen, oder denen sie in Ausübung ihres Abgeordnetenberufes solche anvertraut haben, sowie über diese Tatsachen selbst das Zeugnis zu verweigern. Auch in Beziehung auf Beschlagnahme von Schriftstücken stehen sie den Personen gleich, die ein gesetzliches Zeugnisverweigerungsrecht haben.

Eine Durchsuchung oder Beschlagnahme darf in den Räumen der Bürgerschaft und der Fraktionen nur mit Zustimmung des Präsidenten der Bürgerschaft vorgenommen werden.

Artikel 97 [Ausübung der Abgeordnetentätigkeit]

Die Mitglieder der Bürgerschaft bedürfen zur Ausübung ihrer Abgeordnetentätigkeit keines Urlaubs.

Artikel 98[2] [Anwesenheit von Senatsvertretern]

Dem Senat sind Zeit und Tagesordnung jeder Bürgerschaftssitzung und tunlichst auch aller Ausschußsitzungen rechtzeitig vorher mitzuteilen.

Die Bürgerschaft kann bei einzelnen Verhandlungsgegenständen die Anwesenheit von Vertretern des Senats verlangen.

Die Mitglieder des Senats und die vom Senat bestellten Vertreter haben zu den Sitzungen der Bürgerschaft und ihrer Ausschüsse Zutritt. Das gilt nicht für Untersuchungsausschüsse.

Artikel 99[3] [fortgefallen]

Artikel 100[4] [Anfragen an den Senat]

Mitglieder der Bürgerschaft können in Fraktionsstärke an den Senat Anfragen in öffentlichen Angelegenheiten richten. Die Geschäftsordnung kann vorsehen, daß dieses Recht einzelnen Mitgliedern der Bürgerschaft zusteht.

Sieht die Geschäftsordnung Aussprachen über Anfragen vor, so findet eine Aussprache statt, wenn Mitglieder der Bürgerschaft dies in Fraktionsstärke verlangen.

---

1   Art. 96 Abs. 2 wurde geändert durch Gesetz vom 7. 11. 1994 (Brem.GBl. S. 289)
2   Art. 98 wurde geändert durch Gesetze vom 7. 11. 1994 (Brem.GBl. S. 289) und vom 3. 3. 1998 (Brem.GBl. S. 85)
3   Art. 99 wurde aufgehoben durch Gesetz vom 7. 11. 1994 (Brem.GBl. S. 289)
4   Art. 100 wurde neugefaßt durch Gesetz vom 13. 3. 1973 (Brem.GBl. S. 17)

Artikel 101[1] [Zuständigkeit der Bürgerschaft]

Die Bürgerschaft beschließt, abgesehen von den ihr durch diese Verfassung zugewiesenen sonstigen Aufgaben, insbesondere über

1. Erlaß, Änderung und Aufhebung von Gesetzen,
2. Festsetzung von Abgaben und Tarifen,
3. Übernahme neuer Aufgaben, für die eine gesetzliche Verpflichtung nicht besteht, besonders vor Errichtung und Erweiterung von öffentlichen Einrichtungen, Betrieben und wirtschaftlichen Unternehmen sowie vor Beteiligung an solchen Unternehmen,
4. Umwandlung der Rechtsform von Eigenbetrieben oder Unternehmen, an denen die Freie Hansestadt Bremen maßgebend beteiligt ist,
5. Bewilligung über- und außerplanmäßiger Ausgaben sowie Genehmigung von Anordnungen, durch die Verbindlichkeiten der Freien Hansestadt Bremen entstehen können, für die keine Mittel im Haushaltsplan vorgesehen sind,
6. Verfügung über Vermögen der Freien Hansestadt Bremen, besonders Erwerb, Veräußerung und Belastungen von Grundstücken, Schenkungen und Darlehnshingaben, soweit es sich nicht um Geschäfte der laufenden Verwaltung handelt,
7. Verzicht auf Ansprüche der Freien Hansestadt Bremen und Abschluß von Vergleichen, soweit es sich nicht um Geschäfte der laufenden Verwaltung handelt.

Anordnungen, die der Gesetzesform bedürfen, können, wenn außerordentliche Umstände ein sofortiges Eingreifen erfordern, durch Verordnung des Senats getroffen werden. Die Verordnung darf keine Änderung der Verfassung enthalten; sie ist sofort der Bürgerschaft zur Bestätigung vorzulegen, und wenn die Bestätigung versagt wird, unverzüglich wieder aufzuheben.

Das Nähere über die Rechte der Bürgerschaft bei der Benennung von Mitgliedern in europäischen Organen regelt das Gesetz.

Die Bürgerschaft wählt die Betriebsausschüsse der Eigenbetriebe. Das Nähere regelt das Gesetz.

Artikel 102 [Deckung von Ausgaben]

Die Bürgerschaft darf keine Ausgabe oder Belastung beschließen, ohne daß ihre Deckung sichergestellt ist.

Artikel 103 [Zustellung der Beschlüsse]

Von allen Beschlüssen der Bürgerschaft wird dem Senat eine amtliche Ausfertigung zugestellt.

---

1 Art. 101 Abs. 3 wurde eingefügt durch Gesetz vom 7. 11. 1994 (Brem.GBl. S. 289) und geändert durch Gesetz vom 3. 3. 1998 (Brem.GBl. S. 85).

Artikel 104[1] [fortgefallen]

Artikel 105[2] [Ausschüsse]
Die Bürgerschaft wählt einen Geschäftsordnungsausschuß, einen Haushalts- und Finanzausschuß und für die verschiedenen Zweige ihrer Aufgaben ständige und nichtständige Ausschüsse. Im Geschäftsordnungsausschuß hat der Präsident der Bürgerschaft oder sein Stellvertreter den Vorsitz.
Bei der Zusammensetzung der Ausschüsse sind in der Regel die Fraktionen der Bürgerschaft nach ihrer Stärke zu berücksichtigen. Ändert sich die Zusammensetzung der Fraktionen, so sind auf Antrag einer Fraktion Neuwahlen für die Stellen der Ausschüsse vorzunehmen, die von der Änderung betroffen werden.
Die Bürgerschaft kann ihr zustehende Befugnisse, mit Ausnahme endgültiger Gesetzgebung, an die ständigen Ausschüsse übertragen.
Ausschußmitglieder können jederzeit die Einrichtungen des Aufgabenbereichs, für den der Ausschuß zuständig ist, besichtigen und in der Verwaltung dieses Bereichs Auskunft für die Ausschußarbeit einholen. Auf Verlangen eines Ausschusses hat der Senat diesem die notwendigen Informationen zu übermitteln. Auf Beschluß des Ausschusses haben die Ausschußmitglieder das Recht zur Akteneinsicht bei der Verwaltung des Aufgabenbereichs, für den der Ausschuß zuständig ist. Die Erteilung von Auskünften oder die Vorlage von Akten oder sonstigen amtlichen Unterlagen darf nur abgelehnt werden, wenn überwiegende schutzwürdige Belange des Betroffenen entgegenstehen oder öffentliche Belange eine Geheimhaltung zwingend erfordern. Die Entscheidung ist bei Auskünften dem Abgeordneten und bei Aktenvorlage dem Ausschuß mitzuteilen und zu begründen. Ein Ausschuß kann verlangen, daß das zuständige Mitglied des Senats oder sein Vertreter im Amt vor dem Ausschuß erscheint und Auskunft erteilt.
Die Bürgerschaft hat das Recht und auf Antrag eines Viertels ihrer Mitglieder die Pflicht, parlamentarische Untersuchungsausschüsse einzusetzen. Diese Ausschüsse und die von ihnen ersuchten Behörden können in entsprechender Anwendung der Strafprozeßordnung alle erforderlichen Beweise erheben, auch Zeugen und Sachverständige vorladen, vernehmen, vereidigen und das Zeugniszwangsverfahren gegen sie durchführen. Das Brief-, Post-, Telegraphen- und Fernsprechgeheimnis bleibt jedoch unberührt. Die Gerichts- und Verwaltungsbehörden sind verpflichtet, dem Ersuchen dieser Ausschüsse auf Beweiserhebung Folge zu leisten. Die Akten der Behörden sind ihnen auf Verlangen vorzulegen. Der Senat stellt den Untersuchungsausschüssen auf Ersuchen das zu ihrer Unterstützung erforderliche Personal zur Verfügung. Die Untersuchungsausschüsse haben das Recht, das Personal im Einvernehmen mit dem Senat auszuwählen.
Die Bürgerschaft wählt einen Petitionsausschuß, dem die Behandlung der einzeln oder in Gemeinschaft an die Bürgerschaft gerichteten Bitten, Anregungen und Beschwerden obliegt. Das zuständige Mitglied des Senats ist verpflichtet, dem Petitionsausschuß auf Verlangen

---

1 Art. 104 wurde aufgehoben durch Gesetz vom 7. 11. 1994 (Brem.GBl. S. 289)
2 Art. 105 wurde geändert durch Gesetze vom 8. 9. 1987 (Brem.GBl. S. 233), vom 7. 11. 1994 (Brem.GBl. S. 289) und vom 3. 3. 1998 (Brem.GBl. S. 83, 85)

seiner Mitglieder Akten vorzulegen, Zutritt zu den von ihm verwalteten öffentlichen Einrichtungen zu gewähren, alle erforderlichen Auskünfte zu erteilen und Amtshilfe zu leisten. Das Nähere regelt ein Gesetz.
Die Bürgerschaft wählt einen Ausschuß für Angelegenheiten der Häfen im Lande Bremen.

Artikel 106 [Geschäftsordnung]

Die näheren Vorschriften über den Geschäftsgang der Bürgerschaft bleiben der Geschäftsordnung vorbehalten, die von der Bürgerschaft nach Maßgabe der Verfassung und der Gesetze festgestellt wird.

III. Die Landesregierung (Senat)

Artikel 107[1] [Zusammensetzung, Wahl]

Die Landesregierung besteht aus einem Senat, dessen Mitgliederzahl durch Gesetz bestimmt wird.
Die Senatsmitglieder werden von der Bürgerschaft mit der Mehrheit der abgegebenen Stimmen für die Dauer der Wahlperiode der Bürgerschaft gewählt. Dabei wird zunächst der Präsident des Senats in einem gesonderten Wahlgang gewählt.
Bis zur Wahl eines Senats durch die neue Bürgerschaft führt der bisherige Senat die Geschäfte weiter.
Gewählt werden kann, wer in die Bürgerschaft wählbar ist. Er braucht weder seine Wohnung noch seinen Aufenthalt in der Freien Hansestadt Bremen gehabt zu haben.
Wiederwahl der Mitglieder des Senats ist zulässig.
Der Gewählte ist zur Annahme der Wahl nicht verpflichtet; auch steht ihm der Austritt aus dem Senat jederzeit frei.

Artikel 108 [Senatsamt und Abgeordneter]

Die Senatsmitglieder können nicht gleichzeitig der Bürgerschaft angehören.
Ist ein Bürgerschaftsmitglied in den Senat gewählt und daraufhin gemäß Absatz 1 dieses Artikels aus der Bürgerschaft ausgetreten, so hat es, wenn es von dem Amt eines Senatsmitgliedes zurücktritt, das Recht, wieder in die Bürgerschaft als Mitglied einzutreten; wer an seiner Stelle aus der Bürgerschaft auszuscheiden hat, bestimmt das Wahlgesetz. Das gleiche gilt, wenn ein Senatsmitglied in die Bürgerschaft gewählt, aber mit Rücksicht auf diesen Artikel nicht in die Bürgerschaft eingetreten ist, für den Fall seines späteren Rücktritts von dem Amt eines Senatsmitgliedes.

Artikel 109 [Eid]

Beim Amtsantritt leisten die Mitglieder des Senats vor der Bürgerschaft den Eid auf die Verfassung.

---

1 Art. 107 wurde geändert durch Gesetz vom 7. 11. 1994 (Brem.GBl. S. 289)

Artikel 110 [Mißtrauensvotum]

Der Senat oder ein Mitglied des Senats hat zurückzutreten, wenn die Bürgerschaft ihm durch ausdrücklichen Beschluß ihr Vertrauen entzieht.

Ein Antrag, dem Senat oder einem Mitgliede des Senats das Vertrauen zu entziehen, muß von mindestens einem Viertel der gesetzlichen Mitgliederzahl der Bürgerschaft gestellt und mindestens eine Woche vor der Sitzung, auf deren Tagesordnung er gebracht wird, allen Bürgerschaftsmitgliedern und dem Senat mitgeteilt werden.

Der Beschluß auf Entziehung des Vertrauens kommt nur zustande, wenn die Mehrheit der gesetzlichen Mitgliederzahl zustimmt. Er wird rechtswirksam, wenn die Bürgerschaft einen neuen Senat oder ein neues Mitglied des Senats gewählt oder ein Gesetz beschlossen hat, durch das die Zahl der Mitglieder entsprechend herabgesetzt wird.

Wenn sich ein Mitglied des Senats beharrlich weigert, den ihm gesetzlich oder nach der Geschäftsordnung obliegenden Verbindlichkeiten nachzukommen oder der Pflicht zur Geheimhaltung zuwiderhandelt oder die dem Senat oder seiner Stellung schuldige Achtung gröblich verletzt, so kann ihm auf Antrag des Senats durch Beschluß der Bürgerschaft die Mitgliedschaft im Senat entzogen werden.

Artikel 111 [Anklage vor dem Staatsgerichtshof]

Die Mitglieder des Senats können wegen vorsätzlicher Verletzung der Verfassung auf Beschluß der Bürgerschaft vor dem Staatsgerichtshof angeklagt werden.

Der Beschluß kommt nur zustande, wenn zwei Drittel der gesetzlichen Mitgliederzahl der Bürgerschaft anwesend sind und wenigstens zwei Drittel der Anwesenden, mindestens aber die Mehrheit der gesetzlichen Mitgliederzahl zustimmen.

Artikel 112 [Amtsbezeichnung und Bezüge]

Die Mitglieder des Senats führen die Amtsbezeichnung »Senator«.

Sie erhalten eine von der Bürgerschaft festgesetzte Vergütung. Übergangsgeld, Ruhegehalt und Hinterbliebenenversorgung können durch Gesetz vorgesehen werden.

Artikel 113 [Unvereinbarkeit mit anderer Berufstätigkeit]

Mit dem Amt eines Senatsmitgliedes ist die Ausübung eines anderen öffentlichen Amtes oder einer anderen Berufstätigkeit in der Regel unvereinbar. Der Senat kann Senatsmitgliedern die Beibehaltung ihrer Berufstätigkeit gestatten.

Die Wahl in den Vorstand, Verwaltungsrat oder Aufsichtsrat industrieller oder ähnlicher den Gelderwerb bezweckender Unternehmungen dürfen Senatsmitglieder nur mit besonderer Genehmigung des Senats annehmen. Einer solchen Genehmigung bedarf es auch, wenn sie nach ihrem Eintritt in den Senat in dem Vorstand, Verwaltungsrat oder Aufsichtsrat einer der erwähnten Unternehmungen bleiben wollen. Die erteilte Genehmigung ist dem Präsidenten der Bürgerschaft anzuzeigen.

Artikel 114[1] [Bürgermeister]

Der Präsident des Senats und ein weiteres vom Senat zu wählendes Mitglied sind Bürgermeister.

Artikel 115 [Aufgabe des Präsidenten]

Der Präsident des Senats wird zunächst durch den anderen Bürgermeister und erforderlichenfalls durch ein anderes, von ihm dazu bestimmtes Mitglied des Senats vertreten.

Der Präsident des Senats hat die Leitung der Geschäfte des Senats; er hat für den ordnungsmäßigen Geschäftsgang Sorge zu tragen sowie für die gehörige Ausführung der von den einzelnen Mitgliedern des Senats wahrzunehmenden Geschäfte.

Von allen an ihn für den Senat gelangenden Eingaben muß er dem Senat in der nächsten Versammlung Mitteilung machen.

Artikel 116 [Antragsrecht der Senatoren]

Jedes Mitglied des Senats hat das Recht, die Beratung und Beschlußfassung über einen Gegenstand zu beantragen.

Artikel 117 [Beschlußfassung]

Zu einem Beschluß des Senats ist einfache Stimmenmehrheit erforderlich. Bei Stimmengleichheit entscheidet die Stimme des Präsidenten. Die Sitzungen sind nicht öffentlich.

Bei Beratung und Entscheidung über Beschwerden, die beim Senat über Verfügungen oder Unterlassungen der mit einzelnen Geschäftszweigen beauftragten Mitglieder erhoben werden, dürfen die dabei beteiligten Mitglieder nicht zugegen sein.

Artikel 118[2] [Aufgaben des Senats]

Der Senat führt die Verwaltung nach den Gesetzen und den von der Bürgerschaft gegebenen Richtlinien. Er vertritt die Freie Hansestadt Bremen nach außen. Zur Abgabe von rechtsverbindlichen Erklärungen für die Freie Hansestadt Bremen ist der Präsident des Senats oder sein Stellvertreter ermächtigt.

Soweit die Verfassung nichts anderes bestimmt, ist der Senat Dienstvorgesetzter aller im Dienste der Freien Hansestadt Bremen stehenden Personen, er stellt sie ein und entläßt sie. Dabei hat er den Stellenplan zu beachten. Durch Gesetz kann bestimmt werden, daß der Ernennung von Personen, die Kontrollaufgaben gegenüber der vollziehenden Gewalt wahrnehmen, dabei sachlich unabhängig und nur dem Gesetz unterworfen sind und über ihre Tätigkeit der Bürgerschaft Bericht zu erstatten haben, eine Wahl in der Bürgerschaft vorangeht.

Der Senat kann seine Befugnisse nach Absatz 1 und 2 ganz oder teilweise auf seine Mitglieder übertragen.

Zur Übernahme des ihm übertragenen Geschäfts ist regelmäßig jedes Mitglied verpflichtet. Bei Verhinderung einzelner Mitglieder ist eine Vertretung durch andere Mitglieder des Senats zulässig.

---

1 Art. 114 wurde geändert durch Gesetz vom 7. 11. 1994 (Brem.GBl. S. 289)
2 Art. 118 wurde geändert durch Gesetze 16. 1. 1953 (Brem.GBl. S. 7) und vom 7. 11. 1994 (Brem.GBl. S. 289)

Artikel 119 [Gesetzwidrige Beschlüsse]

Der Senat darf keine Beschlüsse der Bürgerschaft ausführen, die mit den Gesetzen nicht im Einklang stehen. Er darf auch keine Ausgaben anordnen oder irgendwelche Belastungen für die Freie Hansestadt Bremen übernehmen, für die eine ordnungsmäßige Deckung nicht vorhanden ist.

Artikel 120 [Geschäftsverteilung]

Die Mitglieder des Senats tragen nach einer vom Senat zu beschließenden Geschäftsverteilung die Verantwortung für die einzelnen Verwaltungsbehörden und Ämter. Sie sind innerhalb ihres Geschäftsbereichs befugt, die Freie Hansestadt Bremen zu vertreten. Sie haben dem Senat zur Beschlußfassung zu unterbreiten:
1. Alle an die Bürgerschaft zu richtenden Anträge des Senats,
2. Angelegenheiten, für die Verfassung oder Gesetze die Entscheidung des Präsidenten des Senats oder des Senats vorschreiben,
3. Angelegenheiten, die für die gesamte Verwaltung von Bedeutung sind,
4. Meinungsverschiedenheiten über Fragen, die den Geschäftsbereich mehrerer Verwaltungsbehörden oder Ämter berühren.

Artikel 121[1] [Begnadigung, Amnestie]

Der Senat übt das Recht der Begnadigung aus. Er kann die Befugnis auf andere Stellen übertragen.

Allgemeine Straferlasse und die Niederschlagung einer bestimmten Art gerichtlich anhängiger Strafsachen bedürfen eines Gesetzes. Die Niederschlagung einer einzelnen gerichtlich anhängigen Strafsache ist unzulässig.

3. Abschnitt
Rechtsetzung

Artikel 122 [Völkerrecht]

Die allgemein anerkannten Regeln des Völkerrechts sind Bestandteile des Landesrechts. Sie sind für den Staat und für den einzelnen Staatsbürger verbindlich.

Artikel 123[2] [Gesetzesvorlagen]

Die Gesetzesvorlagen werden durch Volksbegehren, Bürgerantrag, vom Senat oder aus der Mitte der Bürgerschaft eingebracht.
Die von der Bürgerschaft oder durch Volksentscheid beschlossenen Gesetze werden dem Senat zur Ausfertigung und Verkündung zugestellt.
Der Senat hat die verfassungsmäßig zustande gekommene Gesetze innerhalb eines Monats auszufertigen und im Bremischen Gesetzblatt zu verkünden.

---

1 Art. 121 wurde geändert durch Gesetz vom 7. 11. 1994 (Brem.GBl. S. 289)
2 Art. 123 wurde geändert durch Gesetz vom 7. 11. 1994 (Brem.GBl. S. 289)

Artikel 124 [Rechts- und Verwaltungsverordnungen]

Der Senat erläßt die zur Ausführung eines Gesetzes erforderlichen Rechts- und Verwaltungsverordnungen, soweit durch Gesetz nichts anderes bestimmt ist.

Artikel 125[1] [Verfassungsänderung]

Eine Verfassungsänderung kann nur in der Form erfolgen, daß eine Änderung des Wortlauts der Verfassung oder ein Zusatzartikel zur Verfassung beschlossen wird.
Bei einer Verfassungsänderung haben drei Lesungen an verschiedenen Tagen stattzufinden. Die Bürgerschaft hat den Antrag auf Verfassungsänderung nach der ersten Lesung an einen nichtständigen Ausschuß im Sinne des Artikels 105 dieser Verfassung zu verweisen. Nach Eingang des Berichts dieses Ausschusses haben zwei weitere Lesungen an verschiedenen Tagen stattzufinden.
Ein Beschluß auf Abänderung der Verfassung kommt außer durch Volksentscheid nur zustande, wenn die Bürgerschaft mit der Mehrheit von zwei Dritteln ihrer Mitglieder zustimmt.
Eine Änderung dieser Landesverfassung, durch welche die in den Artikeln 143, 144, 145 Abs. 1 und 147 niedergelegten Grundsätze und die Einteilung des Wahlgebiets in die Wahlbereiche Bremen und Bremerhaven (Art. 75) berührt werden, ist nur durch Volksentscheid oder einstimmigen Beschluß der Bürgerschaft zulässig.

Artikel 126 [Inkrafttreten von Gesetzen und Verordnungen]

Gesetze und Verordnungen treten, soweit sie nichts anderes bestimmen, mit dem auf ihre Verkündung folgenden Tage in Kraft.

4. Abschnitt
Verwaltung

Artikel 127 [Leitung von Behörden]

Die Verwaltungsbehörden und Ämter werden nach Richtlinien und Weisungen des zuständigen Senators von fachlich geeigneten Personen geleitet.

Artikel 128 [Zugang zu öffentlichen Ämtern]

Die öffentlichen Ämter sind allen Staatsbürgern zugänglich.
Für die Anstellung und Beförderung entscheiden ausschließlich Eignung und Befähigung nach Maßgabe der Gesetze.

---

1   Art. 125 wurde geändert durch Gesetz vom 7. 11. 1994 (Brem.GBl. S. 289)

Artikel 129[1] [Deputationsgesetz]
Für Angelegenheiten der verschiedenen Verwaltungszweige kann die Bürgerschaft Deputationen einsetzen. In die Deputationen können auch Personen gewählt werden, die der Bürgerschaft nicht angehören. Das Nähere wird durch ein Deputationsgesetz bestimmt.
Artikel 105 Abs. 2 und 3 gilt entsprechend.

Artikel 130 [Vermögen Bremerhavens]
Das am Tage der Eingliederung Bremerhavens in das Land Bremen vorhandene Vermögen der Freien Hansestadt Bremen gilt als Vermögen der Stadtgemeinde Bremen. Das bisherige Vermögen der Stadtgemeinde Bremerhaven bleibt Vermögen Bremerhavens.

Artikel 131[2] [Haushaltsplan]
Der Beginn und das Ende des Rechnungsjahres werden durch Gesetz festgelegt.
Der Haushaltsplan wird für ein oder zwei Rechnungsjahre, nach Jahren getrennt, vor Beginn des ersten Rechnungsjahres durch das Haushaltsgesetz festgestellt. Es enthält die Festsetzung
1. der veranschlagten Einnahmen und Ausgaben im Haushaltsplan,
2. der Steuersätze, soweit sie für jedes Rechnungsjahr festzusetzen sind,
3. des Höchstbetrages der Kassenkredite.

Artikel 131a[3] [Aufnahme von Krediten]
Die Aufnahme von Krediten sowie die Übernahme von Bürgschaften, Garantien oder sonstigen Gewährleistungen, die zu Ausgaben in künftigen Rechnungsjahren führen können, bedürfen einer der Höhe nach bestimmten oder bestimmbaren Ermächtigung durch Gesetz. Die Einnahmen aus Krediten dürfen die Summe der im Haushaltsplan veranschlagten Ausgaben für Investitionen nicht überschreiten; Ausnahmen sind nur zulässig zur Abwehr einer Störung des gesamtwirtschaftlichen Gleichgewichts.

Artikel 132 [Haushaltsgesetz]
Das Haushaltsgesetz bildet die Grundlage für die Verwaltung aller Einnahmen und Ausgaben. Der Senat hat die Verwaltung nach dem Haushaltsgesetz zu führen. Er darf die Haushaltsmittel nur insoweit und nicht eher in Anspruch nehmen, als es bei einer wirtschaftlichen und sparsamen Verwaltung erforderlich ist.

---

1 Art. 129 wurde geändert durch Gesetze vom 7. 11. 1994 (Brem.GBl. S. 289) und vom 3. 3. 1998 (Brem.GBl. S. 83)
2 Art. 131 wurde geändert durch Gesetze vom 29. 3. 1960 (Brem.GBl. S. 41), vom 7. 11. 1994 (Brem.GBl. S. 289) und vom 3. 3. 1998 (Brem.GBl. S. 83)
3 Art. 131a wurde eingefügt durch Gesetz vom 3. 3. 1998 (Brem.GBl. S. 83)

Artikel 132a[1] [Maßnahmen bei verspäteter Feststellung des Haushaltsplans]
Ist bis zum Schluß eines Rechnungsjahres der Haushaltsplan für das folgende Jahr nicht durch Gesetz festgestellt, so ist bis zu seinem Inkrafttreten der Senat ermächtigt, alle Ausgaben zu leisten, die nötig sind,
a) um gesetzlich bestehende Einrichtungen zu erhalten und gesetzlich beschlossene Maßnahmen durchzuführen,
b) um rechtlich begründete Verpflichtungen der Freien Hansestadt Bremen zu erfüllen,
c) um Bauten, Beschaffungen und sonstige Leistungen fortzusetzen oder Beihilfen für diese Zwecke weiter zu gewähren, sofern durch den Haushaltsplan eines Vorjahres bereits Beträge bewilligt worden sind.

Soweit nicht auf besonderem Gesetz beruhende Einnahmen aus Steuern, Abgaben und sonstigen Quellen die Ausgaben unter Absatz 1 decken, darf der Senat die zur Aufrechterhaltung der Wirtschaftsführung erforderlichen Mittel im Wege des Kredits flüssig machen.

Artikel 133 [Rechnungslegung]
Der Senat hat über die Einnahmen und Ausgaben des Rechnungsjahres der Bürgerschaft in dem folgenden Rechnungsjahr Rechnung zu legen.

Artikel 133a[2] [Rechnungshof]
Der Rechnungshof prüft die Rechnung sowie die Ordnungsmäßigkeit und Wirtschaftlichkeit der Haushalts- und Wirtschaftsführung.
Die Mitglieder des Rechnungshofs sind unabhängig und nur dem Gesetz unterworfen.
Sie werden von der Bürgerschaft gewählt und sind vom Senat zu ernennen.
Das Nähere wird durch Gesetz geregelt.

5. Abschnitt
Rechtspflege

Artikel 134 [Grundsätze der Rechtspflege]
Die Rechtspflege ist nach Reichs- und Landesrecht im Geiste der Menschenrechte und sozialer Gerechtigkeit auszuüben.

Artikel 135 [Unabhängige Gerichte, Laienrichter]
Die richterliche Gewalt wird durch unabhängige, nur dem Gesetz unterworfene Gerichte ausgeübt.
An der Rechtspflege sind Männer und Frauen aus dem Volk zu beteiligen. Ihre Zuziehung und die Art ihrer Auswahl wird durch Gesetz geregelt.

---

[1] Art. 132a wurde eingefügt durch Gesetz vom 3. 3. 1998 (Brem.GBl. S. 83)
[2] Art. 133a wurde eingefügt durch Gesetz vom 7. 11. 1994 (Brem.GBl. S. 289)

Artikel 136[1] [Wahl und Berufung der Richter]

Die rechtsgelehrten Mitglieder der Gerichte werden von einem Ausschuß gewählt, der aus drei Mitgliedern des Senats, fünf Mitgliedern der Bürgerschaft und drei Richtern gebildet wird. Das Nähere bestimmt das Gesetz.

Die rechtsgelehrten Richter werden auf Lebenszeit berufen, wenn sie nach ihrer Persönlichkeit und ihrer bisherigen juristischen Tätigkeit die Gewähr dafür bieten, daß sie ihr Amt im Geiste der Menschenrechte, wie sie in der Verfassung niedergelegt sind, und der sozialen Gerechtigkeit ausüben werden.

Erfüllt ein Richter nach seiner Berufung auf Lebenszeit diese Bedingung nicht, so kann ihn das Bundesverfassungsgericht auf Antrag der Bürgerschaft oder des Senats seines Amtes für verlustig erklären und zugleich bestimmen, ob er in ein anderes Amt oder in den Ruhestand zu versetzen oder zu entlassen ist. Der Antrag kann auch von dem Justizsenator im Einvernehmen mit dem Richterwahlausschuß gestellt werden. Während des Verfahrens ruht die Amtstätigkeit des Richters.

Artikel 137 [Amtsenthebung der Richter]

Richter können wider ihren Willen auch sonst nur kraft richterlicher Entscheidung und nur aus den Gründen und unter den Formen, die die Gesetze bestimmen, dauernd oder zeitweise ihres Amtes enthoben oder an eine andere Stelle oder in den Ruhestand versetzt werden. Die Gesetzgebung kann Altersgrenzen festsetzen, bei deren Erreichung Richter in den Ruhestand treten.

Die vorläufige Amtsenthebung, die kraft Gesetzes eintritt, wird hierdurch nicht berührt.

Bei einer Veränderung in der Einrichtung der Gerichte oder ihrer Bezirke können unfreiwillige Versetzungen an ein anderes Gericht oder Entfernung vom Amte unter Belassung des vollen Gehalts durch die Justizverwaltung verfügt werden.

Artikel 138[2] [Amtsverlust]

Richter, die vorsätzlich ihre Pflicht, das Recht zu finden, verletzt haben, können auf Antrag der Bürgerschaft oder des Senats vor das Bundesverfassungsgericht gezogen werden, wenn dies zum Schutze der Verfassung oder ihres Geistes gegen Mißbrauch der richterlichen Gewalt erforderlich erscheint.

Das Bundesverfassungsgericht kann in solchen Fällen auf Amtsverlust erkennen und zugleich bestimmen, ob ein solcher Richter in ein anderes Amt oder in den Ruhestand zu versetzen oder zu entlassen ist.

Artikel 139[3] [Staatsgerichtshof]

Es wird ein Staatsgerichtshof errichtet.

---

1   Art. 136 Abs. 3 wurde geändert durch Gesetz vom 7. 11. 1994 (Brem.GBl. S. 289)
2   Art. 138 wurde geändert durch Gesetz vom 7. 11. 1994 (Brem.GBl. S. 289)
3   Art. 139 wurde geändert durch Gesetze vom 7. 11. 1994 (Brem.GBl. S. 289) und vom 9. 10. 1997 (Brem.GBl. S. 353)

Der Staatsgerichtshof besteht, sofern er nicht gemeinsam mit anderen deutschen Ländern oder gemeinsam für alle deutschen Länder eingerichtet wird, aus dem Präsidenten des Oberverwaltungsgerichts oder seinem Stellvertreter sowie aus sechs gewählten Mitgliedern, von denen zwei rechtsgelehrte bremische Richter sein müssen.

Die gewählten Mitglieder werden von der Bürgerschaft unverzüglich nach ihrem ersten Zusammentritt für die Dauer ihrer Wahlperiode gewählt und bleiben im Amt, bis die nächste Bürgerschaft die Neuwahl vorgenommen hat. Bei der Wahl soll die Stärke der Fraktionen nach Möglichkeit berücksichtigt werden. Die gewählten Mitglieder dürfen nicht Mitglieder des Senats oder der Bürgerschaft sein. Wiederwahl ist zulässig.

Artikel 140[1] [Zuständigkeit des Staatsgerichtshofes]

Der Staatsgerichtshof ist zuständig für die Entscheidung von Zweifelsfragen über die Auslegung der Verfassung und andere staatsrechtliche Fragen, die ihm der Senat, die Bürgerschaft oder ein Fünftel der gesetzlichen Mitgliederzahl der Bürgerschaft oder eine öffentlich-rechtliche Körperschaft des Landes Bremen vorlegt. Bei Organstreitigkeiten sind antragsberechtigt Verfassungsorgane oder Teile von ihnen, die durch diese Verfassung oder die Geschäftsordnung der Bürgerschaft mit eigenen Rechten ausgestattet sind.

Der Staatsgerichtshof ist ferner zuständig in den anderen durch Verfassung oder Gesetz vorgesehenen Fällen.

Artikel 141 [Rechtsschutzgarantie]

Zum Schutze des einzelnen gegen Anordnungen und Verfügungen oder pflichtwidrige Unterlassungen der Verwaltungsbehörden steht der Rechtsweg an die ordentlichen Gerichte oder Verwaltungsgerichte offen. Diese sind befugt, bei ihren Entscheidungen die Gesetzmäßigkeit von Rechtsverordnungen, behördlichen Verfügungen und Verwaltungsmaßnahmen zu prüfen.

Artikel 142[2] [Verfassungswidrige Gesetze]

Gelangt ein Gericht bei der Anwendung eines Gesetzes, auf dessen Gültigkeit es bei der Entscheidung ankommt, zu der Überzeugung, daß das Gesetz mit dieser Verfassung nicht vereinbar sei, so führt es eine Entscheidung des Staatsgerichtshofs herbei. Dessen Entscheidung ist im Gesetzblatt der Freien Hansestadt Bremen zu veröffentlichen und hat Gesetzeskraft.

6. Abschnitt
Gemeinden

Artikel 143 [Gemeinden Bremen und Bremerhaven]

Die Stadt Bremen und die Stadt Bremerhaven bilden jede für sich eine Gemeinde des bremischen Staates.

---

1 Art. 140 wurde geändert durch Gesetz vom 7. 11. 1994 (Brem.GBl. S. 289)
2 Art. 142 wurde geändert durch Gesetz vom 7. 11. 1994 (Brem.GBl. S. 289)

Die Freie Hansestadt Bremen bildet einen aus den Gemeinden Bremen und Bremerhaven zusammengesetzten Gemeindeverband höherer Ordnung.

Artikel 144 [Gemeindeverfassung]

Die Gemeinden sind Gebietskörperschaften des öffentlichen Rechts. Sie haben das Recht auf eine selbständige Gemeindeverfassung und innerhalb der Schranken der Gesetze das Recht der Selbstverwaltung.

Artikel 145 [Bezirksvertretungen]

Die Verfassungen der Gemeinden werden von den Gemeinden selbst festgestellt. Durch Gesetz können dafür Grundsätze bestimmt werden.

Die Gemeinden können für die Verwaltung örtlicher Angelegenheiten bestimmter Stadtteile, insbesondere der stadtbremischen Außenbezirke, durch Gemeindegesetz örtlich gewählte Bezirksvertretungen einrichten.

Artikel 146[1] [Finanzwesen der Gemeinden]

Für das Finanzwesen der Gemeinden gelten die Bestimmungen der Artikel 102, 131 bis 133 entsprechend.

Artikel 147 [Gemeindeaufsicht]

Der Senat hat die Aufsicht über die Gemeinden. Die Aufsicht beschränkt sich auf die Gesetzmäßigkeit der Verwaltung.

Artikel 148[2] [Organe der Stadtgemeinde Bremen]

Sofern nicht die Stadtgemeinde Bremen gemäß Artikel 145 durch Gesetz etwas anderes bestimmt, sind die Stadtbürgerschaft und der Senat die gesetzlichen Organe der Stadtgemeinde Bremen. Auf die Verwaltung der Stadtgemeinde Bremen sind in diesem Falle die Bestimmungen dieser Verfassung über Volksentscheid, Bürgerschaft und Senat entsprechend anzuwenden. Die Stadtbürgerschaft besteht aus den von den stadtbremischen Wählern im Wahlbereich Bremen gewählten Vertretern.

Der Präsident der Bürgerschaft ist, sofern die Stadtbürgerschaft nicht etwas anderes beschließt, zugleich Präsident der Stadtbürgerschaft. Seine Befugnisse in der Stadtbürgerschaft beschränken sich jedoch, wenn er nicht von den stadtbremischen Wählern in die Bürgerschaft gewählt ist, lediglich auf die Führung der Präsidialgeschäfte. Dasselbe gilt entsprechend von den übrigen Mitgliedern des Vorstandes.

---

1 Art. 146 wurde geändert durch Gesetz vom 3. 3. 1998 (Brem.GBl. S. 83)
2 Art. 148 Abs. 1 wurde geändert durch Gesetze vom 7. 11. 1994 (Brem.GBl. S. 289) und vom 1. 10. 1996 (Brem.GBl. S. 303)

Artikel 149 [Amtshilfe zwischen Gemeinde- und Staatsbehörden]
Durch Gesetz kann bestimmt werden, daß einzelne Verwaltungszweige einer Gemeinde von staatlichen Behörden oder einzelne Verwaltungszweige des Staates von Behörden einer Gemeinde wahrzunehmen sind, und ob dafür eine Vergütung zu zahlen ist.

Übergangs- und Schlußbestimmungen

Artikel 150 [Abweichung vom geltenden Reichsrecht]
Wenn in Gesetzen und Verordnungen vom geltenden Reichsrecht abgewichen werden soll, kommt ein entsprechender Beschluß der Bürgerschaft nur zustande, wenn zwei Drittel der gesetzlichen Mitgliederzahl der Bürgerschaft anwesend sind und wenigstens zwei Drittel der Anwesenden, mindestens aber die Mehrheit der gesetzlichen Mitgliederzahl zustimmen.
Dieser Artikel gilt bis zum Inkrafttreten einer Verfassung der deutschen Republik.

Artikel 151 [Zonale und überzonale Organisationen]
Der Senat wird ermächtigt, mit Zustimmung der Bürgerschaft für die Übergangszeit, solange keine deutsche Zentralregierung vorhanden ist, an zonale oder überzonale Organisationen Zuständigkeiten der Freien Hansestadt Bremen, insbesondere auf dem Gebiet der auswärtigen Beziehungen, der Wirtschaft, der Ernährung, des Finanzwesens und des Verkehrs zu übertragen.

Artikel 152 [Künftige deutsche Verfassung]
Bestimmungen dieser Verfassung, die der künftigen deutschen Verfassung widersprechen, treten außer Kraft, sobald diese rechtswirksam wird.

Artikel 153 [Eingriffe in Grundrechte]
Gesetze, die aus Anlaß der gegenwärtigen Notlage ergangen sind oder noch ergehen werden, können unerläßliche Eingriffe in das Grundrecht der Freizügigkeit, der Freiheit der Berufswahl und der Wohnungsfreiheit zulassen.
Dieser Artikel tritt mit dem 31. Dezember 1949 außer Kraft. Die Bürgerschaft kann diese Frist durch Gesetz verlängern, wenn die Mehrheit ihrer gesetzlichen Mitgliederzahl zustimmt.

Artikel 154 [Entnazifizierung]
Zur Befreiung des deutschen Volkes vom Nationalsozialismus und Militarismus und zur Beseitigung ihrer Folgen werden während einer Übergangszeit durch Gesetz Rechtsvorschriften erlassen, die von den Bestimmungen der Verfassung abweichen.
Dieser Artikel tritt mit dem 31. Dezember 1948 außer Kraft. Die Bürgerschaft kann diese Frist durch Gesetz verlängern, wenn die Mehrheit ihrer gesetzlichen Mitgliederzahl zustimmt.

Artikel 155 [Inkrafttreten der Verfassung]
Diese Verfassung ist nach ihrer Annahme durch Volksentscheid vom Senat unverzüglich im Bremischen Gesetzblatt zu verkünden und tritt mit dem auf ihre Verkündung folgenden Tage in Kraft.
Mit dem gleichen Tage treten alle der Verfassung entgegenstehenden Gesetze außer Kraft.

Diese Verfassung ist von der Bürgerschaft am 15. September 1947 beschlossen und durch Volksabstimmung am 12. Oktober 1947 angenommen worden. Sie wird hiermit vom Senat verkündet.

Gesetz über das Verfahren beim Bürgerantrag

vom 20. Dezember 1994 (Brem.GBl. S. 325)

Der Senat verkündet das nachstehende von der Bürgerschaft (Landtag) beschlossene Gesetz:

§ 1
Gegenstand des Bürgerantrags

Durch Bürgeranträge werden der Bürgerschaft Gegenstände zur Beratung und Beschlußfassung unterbreitet. Anträge zum Haushalt, zu Dienst- und Versorgungsbezügen, Abgaben und Personalentscheidungen sind nicht zulässig.

§ 2
Unterschriften

(1) Der Bürgerantrag muß am Tage seiner Einreichung von mindestens zwei vom Hundert der Einwohner des Landes Bremen unterschrieben sein, die das 16. Lebensjahr vollendet haben. Maßgebend ist die Einwohnerzahl, die die Meldebehörden nach melderechtlichen Vorschriften jeweils zuletzt im Monat Dezember ermittelt haben. Jeder Unterschriftsbogen muß den Text des Bürgerantrags ausweisen. Neben der Unterschrift sind Name, Vorname, Tag der Geburt und Anschrift anzugeben. Bürgeranträge kann unterstützen, wer dazu am Tag der Einreichung des Bürgerantrags berechtigt ist.

(2) Ungültig sind Eintragungen, die Absatz 1 nicht entsprechen, unleserlich oder unvollständig sind oder einen Zusatz oder Vorbehalt enthalten.

§ 3
Form des Antrags

(1) Der Bürgerantrag ist schriftlich bei der Bürgerschaft einzureichen.

(2) Bei Einreichung des Antrags sind als Vertreter der Antragsteller eine Vertrauensperson sowie eine erste und eine zweite stellvertretende Vertrauensperson zu benennen, die berechtigt sind, die Antragsteller zu vertreten. Vertrauensperson kann sein, wer berechtigt ist, den Bürgerantrag zu unterstützen.

§ 4
Prüfung der Zulässigkeit

(1) Nach der Einreichung des Bürgerantrags veranlaßt der Präsident der Bürgerschaft unverzüglich eine Prüfung der Unterschriftsbogen, sofern der Bürgerantrag nicht offensichtlich unzulässig ist. Sie wird von den Meldebehörden anhand des Melderegisters durchgeführt.

(2) Die Meldebehörden prüfen, ob die erforderliche Zahl gültiger Eintragungen für das Zustandekommen des Bürgerantrags erreicht ist. Sie können ihre Prüfung in Form von Stichproben durchführen. Die Prüfung kann abgebrochen werden, wenn aufgrund der Stichproben erwartet werden kann, daß die erforderliche Zahl erreicht ist. In diesen Fällen wird vermutet, daß der Bürgerantrag ausreichend unterzeichnet ist. Die Meldebehörden

sollen das Ergebnis ihrer Prüfung mit den Unterschriftsbogen innerhalb von vier Wochen nach Einreichung des Bürgerantrags dem Präsidenten der Bürgerschaft zuleiten.
(3) Wird das Verfahren nach Absatz 2 durchgeführt, soll der Präsident der Bürgerschaft innerhalb von zwei Wochen nach Eingang der Mitteilung nach Absatz 2 über die Zulässigkeit des Bürgerantrags entscheiden. Er teilt seine Entscheidung der Vertrauensperson mit.
(4) Gegen eine Zurückweisung des Bürgerantrags kann die Vertrauensperson innerhalb eines Monats eine Entscheidung des Staatsgerichtshofs beantragen.
(5) Die Unterschriftsbogen dürfen ausschließlich zur Prüfung der Zulässigkeit des Bürgerantrags verwendet werden. Sie sind nach Abschluß des Antragsverfahrens zu vernichten.

§ 5
Behandlung in der Bürgerschaft

(1) Bürgeranträge kommen auf die Tagesordnung der nächsten Bürgerschaftssitzung, wenn über die Zulässigkeit vor der Sitzung des Bürgerschaftsvorstands entschieden wurde, in der die Bürgerschaftssitzung anberaumt wird. Die Vertrauensperson oder eine von ihr benannte Person ist auf Antrag im zuständigen Ausschuß oder in der zuständigen Deputation zu hören.
(2) Bürgeranträge, die am Ende der Wahlperiode noch nicht abschließend behandelt sind, werden in der nächsten Wahlperiode weiterbehandelt.

§ 6
Bürgeranträge an die Stadtbürgerschaft

Für Bürgeranträge an die Stadtbürgerschaft gelten die vorstehenden Bestimmungen mit der Maßgabe, daß an die Stelle von zwei vom Hundert der Einwohner des Landes Bremen zwei vom Hundert der Einwohner der Stadtgemeinde Bremen treten.

§ 7
Inkrafttreten

Dieses Gesetz tritt am Tage nach seiner Verkündung in Kraft.

Verfassung für die Stadt Bremerhaven (VerfBrhv)

Neufassung

vom 13. Oktober 1971 (Brem. GBl. S. 243)

in der Fassung der Änderungen vom
8. Dezember 1988 (Brem. GBl. S. 325)
19. Oktober 1989 (Brem. GBl. S. 413)
20. Dezember 1991 (Brem. GBl. 1992 S. 21)
13. Februar 1992 (Brem. GBl. S. 39)
5. August 1992 (Brem. GBl. S. 255)
20. Dezember 1991 (Brem. GBl. 1995 S. 335)
23. März 1995 (Brem. GBl. S. 335)
7. Dezember 1995 (Brem. GBl. 1996 S. 13)
18. April 1996 (Brem. GBl. S. 193)
5. September 1996 (Brem. GBl. S. 325)
5. Februar 1998 (Brem. GBl. S. 92)

Erster Teil
Grundlagen der Stadtverfassung

§ 1 Rechtsstellung der Stadt
Die Stadt Bremerhaven ist eine Gebietskörperschaft des öffentlichen Rechts.

§ 2 Wirkungskreis
Die Stadt verwaltet in ihrem Gebiet alle kommunalen öffentlichen Aufgaben unter eigener Verantwortung als Selbstverwaltungsangelegenheiten, soweit nichts anderes bestimmt ist.

§ 3 Ortsrecht
(1) Die Stadt regelt ihre Selbstverwaltungsangelegenheiten im Rahmen der Gesetze durch Ortsgesetze. Die Änderung der Stadtverfassung bedarf der Zustimmung von zwei Dritteln der gesetzlichen Mitglieder der Stadtverordnetenversammlung und der Genehmigung des Senats der Freien Hansestadt Bremen.
(2) Ortsgesetze sind im Gesetzblatt der Freien Hansestadt Bremen oder im Amtsblatt der Freien Hansestadt Bremen zu verkünden. Sie treten, soweit nichts anderes bestimmt ist, am Tage nach der Verkündung in Kraft.
(3) Die Veröffentlichung amtlicher Bekanntmachungen der Stadt Bremerhaven regelt ein Ortsgesetz.

§ 4 Bürger und Einwohner
(1) Einwohner der Stadt ist, wer in der Stadt wohnt.
(2) Bürger der Stadt sind die wahlberechtigten Einwohner.

§ 5 Organe
Organe der Stadt sind die Stadtverordnetenversammlung und der Magistrat.

§ 6 Vermögen und Einkünfte
Die Stadtverordnetenversammlung und der Magistrat haben das Vermögen und die Einkünfte der Stadt so zu verwalten, daß unter Rücksichtnahme auf die wirtschaftlichen Kräfte der Abgabepflichtigen die Stadtfinanzen gesund bleiben. Sie haben unter Beachtung dieses Grundsatzes dafür zu sorgen, daß mindestens die Veranstaltungen und Einrichtungen getroffen werden, die für die sozialen und kulturellen Bedürfnisse unentbehrlich sind.

Zweiter Teil
Hoheitszeichen der Stadt

§ 7

(1) Die Stadt führt ein Wappen und eine Stadtflagge. Die Einführung eines neuen Wappens und einer Flagge sowie deren Änderung bedarf der Genehmigung des Senats.

(2) Die Stadt führt ein Dienstsiegel mit dem Stadtwappen.

Dritter Teil
Stadtgebiet

§ 8

(1) Zum Stadtgebiet gehören alle Grundstücke, Fluß- und Hafenanlagen der ehemaligen Stadt Wesermünde. Gemeindeverwaltungsmäßig wird die Stadt Bremerhaven im Gebiet des stadtbremischen Überseehafens aufgrund eines Vertrages zwischen den Städten Bremen und Bremerhaven zuständig.

(2) Eine Veränderung des Stadtgebietes kann nur durch Landesgesetz nach erfolgter Zustimmung der Stadtverordnetenversammlung vorgenommen werden.

Vierter Teil
Rechte und Pflichten der Einwohner und Bürger

§ 9 Wahlrecht

Die Bürger der Stadt wählen die Stadtverordnetenversammlung nach Maßgabe der wahlrechtlichen Vorschriften.

§ 10 Amtsverschwiegenheit

Stadtverordnete und ehrenamtlich Tätige sind wie städtische Beamte zur Verschwiegenheit verpflichtet. Sie dürfen die Kenntnis von Angelegenheiten, über die sie verschwiegen zu sein haben, nicht unbefugt verwerten. Dies gilt auch dann, wenn das Mandat erloschen oder das Amt beendet ist.

§ 11 Widerstreit der Interessen

(1) Ein Stadtverordneter, Magistratsmitglied, Ehrenbeamter oder wer sonst ehrenamtlich tätig ist, darf nicht bei Angelegenheiten beratend oder entscheidend mitwirken, wenn die Entscheidung ihm selbst, seinem Ehegatten, seinem Verwandten bis zum dritten oder Verschwägerten bis zum zweiten Grade oder einer von ihm kraft Gesetzes oder Vollmacht vertretenen Person einen unmittelbaren Vorteil oder Nachteil bringen kann. Dies gilt auch, wenn er

1. in der Angelegenheit in anderer als öffentlicher Eigenschaft ein Gutachten abgegeben hat oder sonst tätig geworden ist,
2. gegen Entgelt bei jemand beschäftigt ist, der an der Erledigung der Angelegenheit ein persönliches oder wirtschaftliches Sonderinteresse hat.

Diese Vorschriften gelten nicht, wenn der Betroffene an der Entscheidung der Angelegenheit lediglich als Angehöriger eines Berufes oder einer Bevölkerungsgruppe beteiligt ist, deren gemeinsame Interessen durch die Angelegenheit berührt werden.

(2) Ob die Voraussetzungen des Absatzes 1 vorliegen, entscheidet das Organ, dem der Betroffene angehört oder für das er die Tätigkeit ausübt.

§ 12 Treuepflicht

Ehrenbeamte haben eine Treuepflicht gegenüber der Stadt. Sie dürfen Ansprüche Dritter gegen die Stadt nicht geltend machen, es sei denn, sie handeln als gesetzlicher Vertreter. Dies gilt auch für Stadtverordnete und andere ehrenamtlich Tätige, wenn der Auftrag mit den Aufgaben ihrer Tätigkeit in Zusammenhang steht. Ob die Voraussetzungen dieser Vorschrift vorliegen, entscheidet das Organ, dem der Betroffene angehört oder für das er die Tätigkeit ausübt.

§ 13 Ersatz von Auslagen

(1) Stadtverordnete, ehrenamtliche Stadträte und andere ehrenamtlich Tätige haben einen Anspruch auf Erstattung von Erwerbsausfall und notwendigen Barauslagen. Für den mit der Wahrnehmung ihrer Aufgaben verbundenen Aufwand erhalten sie eine Entschädigung. Die Stadtverordnetenversammlung kann Durchschnittssätze festlegen. Das Nähere regelt ein Ortsgesetz.

(2) Die Ansprüche auf diese Bezüge sind nicht übertragbar.

§ 14 Ehrenbürgerrecht, Ehrenbezeichnung

(1) Auf Beschluß der Stadtverordnetenversammlung kann Personen, die sich besonders verdient gemacht haben, das Ehrenbürgerrecht verliehen werden.

(2) Bürgern, die als Stadtverordnete oder Ehrenbeamte insgesamt mindestens 20 Jahre ihr Mandat oder Amt ohne Tadel ausgeübt haben, kann die Ehrenbezeichnung »Stadtältester« verliehen und ein Ehrensold bewilligt werden. Eine Tätigkeit als Mitglied einer Deputation der Bremischen Bürgerschaft kann berücksichtigt werden, wenn der Deputierte der Bremischen Bürgerschaft nicht angehört und im Wahlbereich Bremerhaven seinen Wohnsitz hat. Der Beschluß darf erst gefaßt werden, wenn das Mandat erloschen oder das Amt beendet ist.

(3) Das Ehrenbürgerrecht, die Ehrenbezeichnung und der Ehrensold können wegen unwürdigen Verhaltens entzogen werden. Ehrenbezeichnung und Ehrensold ruhen, wenn ein Stadtältester wieder als Stadtverordneter, Ehrenbeamter oder Deputierter im Sinne des Absatzes 2 tätig wird.

§ 15 Teilnahme an öffentlichen Einrichtungen, Gemeindelasten

(1) Die Einwohner der Stadt sind im Rahmen der bestehenden Vorschriften berechtigt, die öffentlichen Einrichtungen der Stadt zu benutzen, und verpflichtet, die städtischen Lasten zu tragen.
(2) Grundbesitzer und Gewerbetreibende, die nicht in der Stadt wohnen, sind berechtigt, die öffentlichen Einrichtungen zu benutzen, die in der Stadt für Grundbesitzer und Gewerbetreibende bestehen, und verpflichtet, für ihren Grundbesitz oder Gewerbebetrieb im Stadtgebiet die städtischen Lasten mitzutragen.
(3) Diese Vorschriften gelten entsprechend für juristische Personen und Vereinigungen.

§ 15a Einwohnerantrag

(1) Einwohnerinnen und Einwohner, die das 16. Lebensjahr vollendet haben, können beantragen, daß die Stadtverordnetenversammlung bestimmte ihr obliegende Selbstverwaltungsangelegenheiten berät und entscheidet. Dem Antrag braucht nicht entsprochen zu werden, wenn in derselben Angelegenheit innerhalb der laufenden Wahlzeit der Stadtverordnetenversammlung bereits ein zulässiger Antrag gestellt worden ist.
(2) Der Antrag muß schriftlich eingereicht werden. Er muß ein bestimmtes Begehren mit Begründung enthalten. Der Antrag muß bis zu drei Personen benennen, die berechtigt sind, die Unterzeichner zu vertreten.
(3) Der Einwohnerantrag muß von mindestens 2 v.H. der Einwohnerinnen oder Einwohner der Stadt unterschrieben sein.
(4) Über die Zulässigkeit des Einwohnerantrages entscheidet die Stadtverordnetenversammlung innerhalb von drei Monaten nach Eingang beim Stadtverordnetenvorsteher. Ist der Einwohnerantrag zulässig, hat die Stadtverordnetenversammlung in der Sitzung, die der Sitzung über die Zulässigkeitsfeststellung folgt, zu beraten und zu entscheiden. Die Stadtverordnetenversammlung hat die nach Absatz 2 Satz 3 benannten Personen in dieser Sitzung zu hören. Die Entscheidung der Stadtverordnetenversammlung ist mit den sie tragenden wesentlichen Gründen ortsüblich bekanntzumachen.
(5) Die näheren Bestimmungen über die Durchführung des Einwohnerantrages regelt ein Ortsgesetz.

§ 15b Bürgerentscheid, Bürgerbegehren

(1) Die Stadtverordnetenversammlung kann mit einer Mehrheit von zwei Dritteln der gesetzlichen Zahl der Mitglieder beschließen, daß Bürgerinnen und Bürger über wichtige Selbstverwaltungsangelegenheiten selbst entscheiden (Bürgerentscheid).
Wichtige Selbstverwaltungsangelegenheiten sind insbesondere:
1. die Übernahme neuer Aufgaben, die zu erfüllen die Stadt Bremerhaven nicht gesetzlich verpflichtet ist,
2. Verleihung und Entzug von Ehrenbürgerrechten und Ehrenbezeichnungen,
3. die Zustimmung zur Änderung des Stadtgebietes,
4. die Errichtung, Erweiterung, Übernahme und Auflösung von öffentlichen Einrichtungen.

(2) Der Bürgerentscheid findet nicht in den Fällen des § 18 Absatz 1 Buchstaben a bis e, h bis j, Buchstabe k, soweit dieser wirtschaftliche Unternehmen betrifft, Buchstaben l bis o und q statt.
(3) Über wichtige Selbstverwaltungsangelegenheiten können Bürgerinnen und Bürger ein Bürgerbegehren beantragen. Absatz 1 Satz 2 und Absatz 2 gelten entsprechend. Ein Bürgerbegehren darf nur Angelegenheiten zum Gegenstand haben, über die während der laufenden Wahlperiode der Stadtverordnetenversammlung nicht bereits ein Bürgerentscheid aufgrund eines Bürgerbegehrens durchgeführt worden ist. Richtet sich das Bürgerbegehren gegen einen Beschluß der Stadtverordnetenversammlung, muß es innerhalb von sechs Wochen nach der Beschlußfassung eingereicht sein. Das Bürgerbegehren muß schriftlich beim Stadtverordnetenvorsteher eingereicht werden und die zur Entscheidung zu bringende Frage, eine Begründung sowie einen nach den gesetzlichen Bestimmungen durchführbaren Vorschlag für die Deckung der Kosten der verlangten Maßnahme enthalten. Das Bürgerbegehren muß bis zu drei Personen benennen, die berechtigt sind, die Unterzeichner zu vertreten.
(4) Das Bürgerbegehren muß von mindestens 10 v.H. Bürgerinnen oder Bürgern der Stadt unterschrieben sein.
(5) Über die Zulässigkeit eines Bürgerbegehrens entscheidet die Stadtverordnetenversammlung innerhalb von drei Monaten nach Eingang beim Stadtverordnetenvorsteher. Die Stadtverordnetenversammlung hat die nach Absatz 3 Satz 7 benannten Personen in dieser Sitzung zu hören. Der Bürgerentscheid entfällt, wenn die Stadtverordnetenversammlung die Durchführung der mit dem Bürgerbegehren verlangten Maßnahme beschließt.
(6) Bei einem Bürgerentscheid ist die gestellte Frage in dem Sinne entschieden, in dem sie von der Mehrheit der gültigen Stimmen beantwortet wurde, sofern diese Mehrheit mindestens 30 v.H. der Stimmberechtigten beträgt. Bei Stimmengleichheit gilt die Frage als mit Nein beantwortet. Ist die nach Satz 1 erforderliche Mehrheit nicht erreicht worden, hat die Stadtverordnetenversammlung die Angelegenheit zu entscheiden.
(7) Der Bürgerentscheid hat die Wirkung eines endgültigen Beschlusses der Stadtverordnetenversammlung. Er kann innerhalb von zwei Jahren nur durch einen neuen Bürgerentscheid abgeändert werden.
(8) Die näheren Bestimmungen über die Durchführung des Bürgerentscheides und Bürgerbegehrens regelt ein Ortsgesetz.

§ 16 Anschluß- und Benutzungszwang

(1) Die Stadt unterhält in den Grenzen ihrer Leistungsfähigkeit die für ihre Einwohner erforderlichen öffentlichen Einrichtungen. Sie kann bei öffentlichem Bedürfnis durch Ortsgesetze für die Grundstücke ihres Gebietes den Anschluß an Wasserleitung, Abwasserbeseitigung, Müllabfuhr, Straßenreinigung und ähnliche der Volksgesundheit dienende Einrichtungen (Anschlußzwang) und die Benutzung dieser Einrichtungen, der öffentlichen Begräbnisplätze, Bestattungseinrichtungen und des Schlachthofes (Benutzungszwang) vorschreiben.

(2) Die Ortsgesetze können Ausnahmen vom Anschluß- und Benutzungszwang zulassen. Sie können den Zwang auf bestimmte Teile des Stadtgebietes und auf bestimmte Gruppen von Grundstücken oder Personen beschränken.

Fünfter Teil
Verwaltung der Stadt

1. Abschnitt
Stadtverordnetenversammlung

§ 17

Die Stadtverordnetenversammlung besteht aus 48 Stadtverordneten. Sie beschließt über die Angelegenheiten der Stadt, soweit sich aus dieser Verfassung nichts anderes ergibt.

§ 18 Ausschließliche Zuständigkeit, Akteneinsicht

(1) Die Stadtverordnetenversammlung kann die Beschlußfassung über folgende Angelegenheiten nicht übertragen:
a) die allgemeinen Grundsätze, nach denen die Verwaltung geführt werden soll,
b) die aufgrund von Rechtsvorschriften von der Stadtverordnetenversammlung vorzunehmenden Wahlen,
c) die Bildung der Ausschüsse sowie die Wahl der Magistratsmitglieder und der zu wählenden Mitglieder des Verwaltungsrates der Städtischen Sparkasse,
d) die Aufstellung von allgemeinen Grundsätzen für die Anstellung, Beförderung, Entlassung und Besoldung der städtischen Bediensteten,
e) den Erlaß von Ortsgesetzen,
f) die Zustimmung zur Änderung des Stadtgebietes,
g) Verleihung und Entzug von Ehrenbürgerrechten und Ehrenbezeichnungen,
h) den Erlaß der Haushaltssatzung, die Feststellung des Haushaltsplanes nebst Anlagen und des Stellenplanes sowie die Entlastung des Magistrats aus der Jahresrechnung,
i) die Festsetzung von öffentlichen Abgaben und Tarifen,
j) Verfügungen über das Vermögen der Stadt, ausgenommen Geschäfte der laufenden Verwaltung sowie Geschäfte, für die durch Ortsgesetz abweichende Regelungen getroffen werden,
k) die Errichtung, Erweiterung, Übernahme und Veräußerung von öffentlichen Einrichtungen und wirtschaftlichen Unternehmen sowie die Beteiligung an diesen,
l) die Umwandlung der Rechtsform von Eigenbetrieben oder wirtschaftlichen Unternehmen, an denen die Stadt beteiligt ist,
m) die Aufnahme von Darlehen, die Übernahme von Bürgschaften, den Abschluß von Gewährverträgen und die Bestellung anderer Sicherheiten für Dritte sowie solche Rechtsgeschäfte, die den vorgenannten wirtschaftlich gleichkommen,

n) die Genehmigung der Verträge von Mitgliedern des Magistrats oder von Stadtverordneten mit der Stadt, es sei denn, daß es sich um Verträge nach feststehendem Tarif oder um Geschäfte der laufenden Verwaltung handelt, die für die Stadt unerheblich sind,
o) die Führung eines Rechtsstreites von größerer Bedeutung und den Abschluß von Vergleichen, soweit es sich nicht um Geschäfte der laufenden Verwaltung handelt,
p) die Übernahme neuer Aufgaben, für die keine gesetzliche Verpflichtung besteht,
q) den Vorschlag zur Bestellung des Leiters des Rechnungsprüfungsamtes.

(2) Die Stadtverordnetenversammlung kann Angelegenheiten, deren Beschlußfassung sie auf Ausschüsse übertragen hat, jederzeit an sich ziehen.

(3) Die Stadtverordnetenversammlung überwacht die Amtsführung des Magistrats. Sie ist berechtigt, sich von der Durchführung ihrer Beschlüsse und der Bewirtschaftung der städtischen Einnahmen zu überzeugen. Sie kann zu diesem Zweck von dem Magistrat Einsicht in die Akten durch einen von ihr bestimmten Ausschuß fordern. Außerdem können der Stadtverordnetenvorsteher und jedes Mitglied der Stadtverordnetenversammlung vom Magistrat Akteneinsicht verlangen. Hat der Magistrat im Einzelfall hiergegen Bedenken, so entscheidet die Stadtverordnetenversammlung.

§ 19 Teilnahme des Magistrats an den Sitzungen

Der Magistrat nimmt an den Sitzungen der Stadtverordnetenversammlung teil. Die Mitglieder des Magistrats müssen in der Regel außerhalb der Rednerliste zu dem Gegenstand der Verhandlung gehört werden. Der Magistrat ist verpflichtet, der Stadtverordnetenversammlung auf Anforderung Auskünfte zu den Beratungsgegenständen zu erteilen.

§ 20 Unabhängigkeit

Die Mitglieder der Stadtverordnetenversammlung dürfen sich bei ihrer Tätigkeit ausschließlich durch ihre freie, nur durch Rücksicht auf das öffentliche Wohl bestimmte Überzeugung leiten lassen. Sie sind an Verpflichtungen, durch die die Freiheit ihrer Entschließung beschränkt wird, nicht gebunden.

§ 21 Vorstand

(1) Die Stadtverordnetenversammlung wählt in der ersten Sitzung nach der Wahl unter der Leitung eines Altersvorsitzenden den Stadtverordnetenvorsteher. Die Stadtverordnetenversammlung wählt in der gleichen Sitzung ferner einen ersten und zweiten Beisitzer. Stadtverordnetenvorsteher und Beisitzer bilden den Vorstand.

(2) Bei der Zusammensetzung des Vorstandes sind die Fraktionen der Stadtverordnetenversammlung nach ihrer Stärke zu berücksichtigen. Ändert sich während der Wahlperiode das Stärkeverhältnis der Fraktionen zueinander, so sind auf Antrag einer Fraktion Neuwahlen für die Stellen des Vorstandes vorzunehmen, die von der Änderung betroffen werden.

§ 22 Verpflichtung

Der Stadtverordnetenvorsteher wird vom Altersvorsitzenden, die übrigen Mitglieder werden vom Stadtverordnetenvorsteher eingeführt und durch Handschlag auf die gewissenhafte Erfüllung ihrer Obliegenheiten verpflichtet.

§ 23 Einberufung

(1) Die Stadtverordnetenversammlung wird vom Stadtverordnetenvorsteher einberufen. Die erste Sitzung muß innerhalb eines Monats nach Ablauf der Wahlzeit der vorhergehenden Stadtverordnetenversammlung stattfinden.

(2) Der Stadtverordnetenvorsteher muß die Stadtverordnetenversammlung unverzüglich einberufen, wenn es von einem Viertel der Mitglieder der Stadtverordnetenversammlung oder vom Magistrat unter Angabe der zur Beratung zu stellenden Gegenstände beantragt wird. Im übrigen ist die Stadtverordnetenversammlung einzuberufen, so oft die Geschäftslage es erfordert.

(3) Die Tagesordnung wird vom Stadtverordnetenvorsteher nach Beratung mit dem Oberbürgermeister festgelegt.

(4) Zeit, Ort und Tagesordnung der Sitzung sind am Tage nach erfolgter Ladung der Stadtverordneten amtlich bekanntzumachen.

§ 24 Öffentlichkeit der Sitzung

Die Sitzungen der Stadtverordnetenversammlung sind öffentlich. Auf Vorschlag des Stadtverordnetenvorstehers oder auf Antrag von einem Sechstel der Mitglieder der Stadtverordnetenversammlung oder des Magistrats kann für einzelne Angelegenheiten die Öffentlichkeit ausgeschlossen werden. Vorschläge und Anträge auf Ausschluß der Öffentlichkeit werden in nichtöffentlicher Sitzung begründet, beraten und entschieden.

§ 25 Beschlußfähigkeit

(1) Zur Beschlußfassung und Vornahme von Wahlen durch die Stadtverordnetenversammlung ist die Anwesenheit von mehr als der Hälfte der Mitglieder der Stadtverordnetenversammlung erforderlich, jedoch sind alle Beschlüsse gültig, die gefaßt sind, ohne daß die Beschlußfähigkeit angezweifelt worden ist.

(2) Wird die Stadtverordnetenversammlung zum zweiten Mal zur Verhandlung über denselben Gegenstand zusammengerufen, so kann ausnahmsweise auch bei Anwesenheit einer geringeren Zahl von Mitgliedern ein gültiger Beschluß gefaßt werden, wenn die Dringlichkeit des Gegenstandes keinen Aufschub gestattet und dieses bei der Ladung zur Versammlung ausdrücklich angezeigt worden ist. Ebenso ist zu verfahren, wenn der Magistrat beantragt, daß wegen der Dringlichkeit des Gegenstandes diese Ausnahme eintritt.

§ 26 Abstimmungen

Beschlüsse werden, soweit durch Rechtsvorschrift, durch diese Verfassung oder durch die Geschäftsordnung nichts anderes bestimmt ist, mit Stimmenmehrheit gefaßt. Bei Stimmengleichheit ist ein Antrag abgelehnt. Das Nähere regelt die Geschäftsordnung. Es wird in der Regel offen abgestimmt.

§ 27 Wahlen

(1) Wahlen werden, wenn niemand widerspricht, in offener Abstimmung, sonst durch Abgabe von Stimmzetteln vollzogen.
(2) Sofern durch diese Verfassung oder durch Rechtsvorschrift nichts anderes bestimmt ist, ist derjenige gewählt, für den mehr als die Hälfte der gültigen Stimmen abgegeben worden ist. Wird dieses Ergebnis im ersten Wahlgang nicht erreicht, so findet eine engere Wahl zwischen den beiden Personen statt, die im ersten Wahlgang die höchsten Stimmzahlen erhalten haben. Bei Stimmengleichheit entscheidet das Los, das der Stadtverordnetenvorsteher zieht. Sind für die Wahl die Grundsätze des Verhältniswahlrechts maßgeblich, findet auf die Auszählung das Höchstzahlverfahren nach d'Hondt Anwendung. Bei gleichen Höchstzahlen entscheidet das vom Stadtverordnetenvorsteher zu ziehende Los.

§ 28 Stimmenauszählung

Bei Wahlen und Abstimmungen zählen Stimmenthaltungen und ungültige Stimmen zwar zur Feststellung der Beschlußfähigkeit, nicht aber zur Berechnung der Mehrheit mit.

§ 29 Aufgaben des Stadtverordnetenvorstehers

(1) Der Stadtverordnetenvorsteher repräsentiert die Stadtverordnetenversammlung.
(2) Der Stadtverordnetenvorsteher leitet die Verhandlungen der Stadtverordnetenversammlung, handhabt die Ordnung in den Sitzungen und übt das Hausrecht aus.
(3) Der Stadtverordnetenvorsteher führt die Beschlüsse der Stadtverordnetenversammlung aus, welche die innere Ordnung der Stadtverordnetenversammlung betreffen.

§ 30 Protokoll

(1) Über den wesentlichen Inhalt der Verhandlungen der Stadtverordnetenversammlung ist eine Niederschrift zu fertigen. Aus ihr muß ersichtlich sein, wer in der Sitzung anwesend war, welche Gegenstände behandelt, welche Beschlüsse gefaßt und welche Wahlen durchgeführt worden sind. Die Abstimmungs- und Wahlergebnisse sind festzuhalten. Protokollführer ist der Leiter des Büros der Stadtverordnetenversammlung.
(2) Die Niederschrift ist von der Stadtverordnetenversammlung zu genehmigen, vom Stadtverordnetenvorsteher, einem Stadtverordneten und dem Protokollführer zu unterschreiben.
(3) Die Beschlüsse der Stadtverordnetenversammlung sind dem Magistrat schriftlich mitzuteilen.

§ 31 Sitzungsordnung

(1) Die Stadtverordnetenversammlung regelt ihre inneren Angelegenheiten wie die Aufrechterhaltung der Ordnung, die Form der Ladung, die Ladungsfristen, die Sitz- und Abstimmungsordnung, den Geschäftsgang durch eine Geschäftsordnung.

(2) In der Geschäftsordnung kann bestimmt werden, daß durch Beschluß der Stadtverordnetenversammlung ein Mitglied bei grober Ungebühr oder wiederholten Zuwiderhandlungen gegen die zur Aufrechterhaltung der Ordnung erlassenen Bestimmungen für eine oder mehrere, höchstens für drei Sitzungen aus der Versammlung ausgeschlossen wird.

(3) Enthält die Geschäftsordnung eine Bestimmung gemäß Absatz 2, so kann der Stadtverordnetenvorsteher, falls er dies für erforderlich hält, selbst den sofortigen Ausschluß des Mitgliedes vorläufig verhängen und durchführen. Die Maßnahme bedarf nach ihrer Durchführung der Bestätigung durch die Stadtverordnetenversammlung.

§ 32 Beanstandung von Beschlüssen

(1) Verletzt ein Beschluß der Stadtverordnetenversammlung das Recht, so hat der Magistrat dem Beschluß zu widersprechen. Der Widerspruch muß innerhalb eines Monats schriftlich eingelegt und begründet werden. Er hat aufschiebende Wirkung. Die Stadtverordnetenversammlung soll über die Angelegenheit in der nächsten Sitzung beschließen.

(2) Verletzt auch der neue Beschluß das Recht, so muß der Magistrat ihn beanstanden. Die Beanstandung ist schriftlich in Form einer begründeten Darlegung der Stadtverordnetenversammlung innerhalb eines Monats mitzuteilen. Sie hat aufschiebende Wirkung.

(3) Verletzt der Beschluß eines Ausschusses das Recht oder überschreitet er die ihm übertragenen Befugnisse, so hat der Magistrat innerhalb eines Monats unter Darlegung der Gründe die Entscheidung der Stadtverordnetenversammlung zu beantragen. Der Antrag hat aufschiebende Wirkung.

§ 33 Ausführung der Beschlüsse

(1) Beschlüsse der Stadtverordnetenversammlung sind vom Magistrat auszuführen.

(2) Beschlüsse, die
 a) die Durchführung der Geschäftsordnung,
 b) die Geltendmachung von Ansprüchen der Stadt gegen den Magistrat,
 c) die Amtsführung des Magistrats betreffen, führt die Stadtverordnetenversammlung selbst aus. Sie wählt zu diesem Zweck gegebenenfalls einen besonderen Vertreter.

§ 34 Ausschüsse

(1) Die Stadtverordnetenversammlung kann zur Vorbereitung ihrer Beschlüsse sowie zur Verwaltung bestimmter Geschäftsbereiche oder zur Erledigung einzelner Angelegenheiten oder bestimmter Arten von Angelegenheiten Ausschüsse bestellen.

(2) Die Stadtverordnetenversammlung ist berechtigt, die Ausschußbeschlüsse aufzuheben oder abzuändern, sofern der Magistrat oder ein Drittel der Ausschußmitglieder dies beantragen. Derartige Anträge haben aufschiebende Wirkung.

(3) Die Ausschüsse werden in der Weise gebildet, daß die Sitze auf die Vorschläge der Fraktionen und Gruppen der Stadtverordnetenversammlung nach der Reihenfolge der Höchstzahlen (d'Hondt) verteilt werden. Die sich hiernach ergebende Sitzverteilung stellt die Stadtverordnetenversammlung durch Beschluß fest. Ausschüsse können jederzeit von der Stadtverordnetenversammlung aufgelöst und neu gebildet werden. Sie müssen neu gebildet werden, wenn ihre Zusammensetzung nicht mehr dem Verhältnis der Stärke der Fraktionen und Gruppen der Stadtverordnetenversammlung entspricht und ein Antrag auf Neubildung gestellt wird.
(4) Die Ausschüsse bestehen aus dem zuständigen Magistratsmitglied als Vorsitzenden (ohne Stimmrecht) und mindestens zehn Stadtverordneten. Jeder Stadtverordnete kann sich von einem anderen Stadtverordneten vertreten lassen. Die Ausschüsse können Vertreter derjenigen Bevölkerungsgruppen, die von ihren Entscheidungen vorwiegend betroffen werden, und Dritte bei ihren Beratungen hinzuziehen. Das Nähere regelt die Geschäftsordnung der Stadtverordnetenversammlung.
(5) Die Sitzungen der Ausschüsse sind in der Regel öffentlich. Das Nähere regelt die Geschäftsordnung der Stadtverordnetenversammlung.
(6) Die Ausschüsse üben ihre Tätigkeiten über das Ende ihrer Wahlzeit bis zur Bildung neuer Ausschüsse durch die neugewählte Stadtverordnetenversammlung aus.
(7) Auf Ausschüsse, die aufgrund besonderer Rechtsvorschriften gebildet werden, finden die voranstehenden Bestimmungen Anwendung, soweit die besonderen Vorschriften nichts anderes bestimmen.

§ 35 Art und Zahl der Ausschüsse

Art und Zahl der zu bildenden Ausschüsse werden in der Geschäftsordnung oder durch ein Ortsgesetz geregelt.

§ 36 Verfassungs- und Geschäftsordnungsausschuß

(1) Es ist ein Verfassungs- und Geschäftsordnungsausschuß sowie ein Finanzausschuß zu bilden.
(2) Den Vorsitz im Verfassungs- und Geschäftsordnungsausschuß führt der Stadtverordnetenvorsteher, bei seiner Verhinderung der Reihenfolge nach einer der Beisitzer, die alle dem Ausschuß als ständige Mitglieder angehören müssen.

§ 37 Geschäftsordnung der Ausschüsse

Für das Verfahren in den Ausschüssen gelten die Bestimmungen der Geschäftsordnung der Stadtverordnetenversammlung sinngemäß.

2. Abschnitt
Magistrat

§ 38 Zusammensetzung

(1) Der Magistrat besteht aus dem Oberbürgermeister, dem Bürgermeister als seinem Vertreter und weiteren hauptamtlichen und ehrenamtlichen Mitgliedern (Stadträte). Die Zahl der ehrenamtlichen Mitglieder des Magistrats muß die der hauptamtlichen übersteigen.

(2) Dem Magistrat muß ein hauptamtliches Mitglied angehören, das die Befähigung zum Richteramt hat.

(3) Die Zahl der Magistratsmitglieder wird durch Ortsgesetz festgesetzt.

§ 39 Wahl des Magistrats

(1) Die Stadtverordnetenversammlung wählt die hauptamtlichen Mitglieder des Magistrats auf acht Jahre. Sie sind Beamte auf Zeit im Sinne des Bremischen Beamtengesetzes. Eine Wiederwahl ist frühestens sechs Monate vor Ablauf der Amtszeit zulässig; sie muß spätestens drei Monate vor Ablauf der Amtszeit vorgenommen werden.

(2) Die ehrenamtlichen Mitglieder des Magistrats werden von der Stadtverordnetenversammlung für die Dauer ihrer Wahlzeit gewählt. Bei der Wahl sind die Vorschläge der Fraktionen und Gruppen im Verhältnis ihrer Sitze in der Stadtverordnetenversammlung (d'Hondt) zu berücksichtigen. Maßgebend ist die Stärke der Fraktionen und Gruppen in der ersten Sitzung einer Wahlzeit. Scheidet ein ehrenamtliches Magistratsmitglied aus dem Magistrat aus, so findet eine Ersatzwahl statt. Satz 3 gilt entsprechend; vorschlagsberechtigt ist die Fraktion oder Gruppe, auf deren Vorschlag das ausscheidende Magistratsmitglied gewählt wurde.

(3) Ehrenamtliche Mitglieder des Magistrats üben ihre Tätigkeit nach Ablauf der Wahlzeit der Stadtverordnetenversammlung bis zum Amtsantritt ihrer Nachfolger aus.

§ 40 Voraussetzungen für die Wahl der Magistratsmitglieder

(1) Zum Mitglied des Magistrats kann gewählt werden, wer zur Stadtverordnetenversammlung wählbar ist. Für hauptamtliche Magistratsmitglieder sind Wohnsitz oder dauernder Aufenthalt in der Stadt jedoch nicht Voraussetzung der Wählbarkeit. Wer gegen Entgelt im Dienste der Stadt oder einer Gesellschaft steht, an der die Stadt mit mehr als 50 vom Hundert beteiligt ist, kann nicht Mitglied des Magistrats sein.

(2) Zum Mitglied des Magistrats kann nicht gewählt werden, wer mit einem anderen Mitglied des Magistrats verheiratet oder bis zum dritten Grade verwandt oder bis zum zweiten Grade verschwägert oder durch Adoption verbunden ist.

(3) Die Mitglieder des Magistrats werden vom Stadtverordnetenvorsteher vereidigt und in ihr Amt eingeführt.

§ 41 Entzug des Vertrauens

(1) Die Stadtverordnetenversammlung kann ein hauptamtliches Magistratsmitglied vor Ablauf seiner Wahlzeit abberufen. Der Beschluß bedarf der Mehrheit von zwei Dritteln der

Mitglieder der Stadtverordnetenversammlung in zwei Sitzungen. Zwischen den Sitzungen der Stadtverordnetenversammlung muß mindestens ein Zeitraum von vier Wochen liegen. Die an ein abberufenes hauptamtliches Magistratsmitglied zu zahlende Versorgung steht der Berufung eines neuen Magistratsmitgliedes nicht entgegen.

(2) Gleiches gilt für ehrenamtliche Magistratsmitglieder mit der Maßgabe, daß der Antrag von der Fraktion oder Gruppe zu stellen ist, auf deren Vorschlag das ehrenamtliche Magistratsmitglied in den Magistrat gewählt wurde.

§ 42 Aufgaben des Magistrats

(1) Der Magistrat ist die Verwaltungsbehörde der Stadt. Er besorgt nach den Beschlüssen der Stadtverordnetenversammlung und im Rahmen der bereitgestellten Mittel die laufende Verwaltung der Stadt.
Er hat insbesondere
  a) das geltende Recht und die in Auftragsangelegenheiten oder seitens des Senats der Freien Hansestadt Bremen als Aufsichtsbehörde ergehenden Weisungen durchzuführen,
  b) die Beschlüsse der Stadtverordnetenversammlung vorzubereiten und durchzuführen,
  c) die öffentlichen Einrichtungen und Betriebe der Stadt sowie das sonstige Vermögen der Stadt zu verwalten und ihre Rechte zu wahren,
  d) die Einkünfte der Stadt zu bewirtschaften, die auf dem Haushaltsplan und den besonderen Beschlüssen der Stadtverordnetenversammlung beruhenden Einnahmen und Ausgaben anzuweisen und das Kassen- und Rechnungswesen zu überwachen,
  e) die städtischen Abgaben nach den Gesetzen und Beschlüssen der Stadtverordnetenversammlung einzuziehen,
  f) die städtischen Bediensteten anzustellen, zu befördern und zu entlassen (vorbehaltlich der Bestimmungen des § 62). Der Stellenplan und die von der Stadtverordnetenversammlung gegebenen Richtlinien sind dabei einzuhalten,
  g) die Stadt in Rechtsgeschäften und in Prozessen zu vertreten und die städtischen Urkunden zu vollziehen.

(2) Der Magistrat ist Dienstbehörde und oberste Dienstbehörde sowie Einleitungsbehörde im Sinne des Dienststrafrechts.

§ 43 Geschäftsführung des Magistrats

(1) Die Geschäftsführung des Magistrats ist eine kollegiale. Die Sitzungen des Magistrats sind nicht öffentlich. Der Magistrat kann nur beschließen, wenn mindestens die Hälfte seiner Mitglieder anwesend ist.

(2) Die Beschlüsse werden mit Stimmenmehrheit gefaßt. Bei Stimmengleichheit ist die Stimme des Vorsitzers entscheidend.

(3) Den Vorsitz führt der Oberbürgermeister oder sein Stellvertreter.

(4) Im übrigen wird die Geschäftsführung des Magistrats durch eine Geschäftsordnung geregelt.

§ 44 Aufgaben des Oberbürgermeisters

(1) Der Oberbürgermeister leitet und beaufsichtigt den Geschäftsgang der Verwaltung.
(2) Der Oberbürgermeister kann in dringenden Fällen, wenn die vorherige Entscheidung des Magistrats nicht mehr eingeholt werden kann, die erforderlichen Maßnahmen anordnen. Er hat dem Magistrat hierüber in der nächsten Sitzung zu berichten und seine Bestätigung einzuholen.
(3) Der Oberbürgermeister ist Dienstvorgesetzter der städtischen Bediensteten. Für die Magistratsmitglieder ist Dienstvorgesetzter der Magistrat.

§ 45 Jahresbericht

Der Magistrat hat jährlich vor der Festsetzung der Haushaltssatzung in öffentlicher Sitzung der Stadtverordnetenversammlung über die Verwaltung und den Stand der Stadtangelegenheiten zu berichten.

§ 46 Erklärungen

(1) Erklärungen der Stadt werden vom Oberbürgermeister oder seinem Vertreter, innerhalb der einzelnen Geschäftsbereiche durch das zuständige Magistratsmitglied, abgegeben. Der Magistrat kann auch andere Stadtbedienstete mit der Abgabe von Erklärungen beauftragen.
(2) Erklärungen, durch die die Stadt verpflichtet werden soll, bedürfen der Schriftform. Sie sind nur rechtsverbindlich, wenn sie vom Oberbürgermeister oder seinem Vertreter oder im Rahmen seines Geschäftsbereiches von einem anderem Mitglied des Magistrats handschriftlich unter der Bezeichnung des Magistrats vollzogen sind. Dies gilt nicht für die Geschäfte der laufenden Verwaltung, die für die Stadt nicht von erheblicher Bedeutung sind.

§ 47 Widerspruch gegen Beschlüsse des Magistrats

Der Oberbürgermeister, im Verhinderungsfalle sein Vertreter, muß einem Beschluß des Magistrats widersprechen, wenn der Beschluß nach seiner Auffassung das Recht verletzt. Der Widerspruch ist schriftlich zu begründen, er hat aufschiebende Wirkung. Über die strittige Angelegenheit ist in einer neuen Sitzung des Magistrats nochmals zu beschließen. Findet die Angelegenheit auf diese Weise nicht ihre Erledigung, so hat der Oberbürgermeister die Entscheidung des Senats der Freien Hansestadt Bremen anzurufen.

3. Abschnitt
Verwaltung von Sondervermögen

§ 47a Leitung des Krankenhausbetriebes sowie des Betriebes der Seniorenheime

(1) Das Zentralkrankenhaus Reinkenheide sowie die Altenwohnheime, Altenheime und Altenpflegeheime (Seniorenheime) als organisatorisch und wirtschaftlich selbständige Einrichtungen der Stadt ohne eigene Rechtspersönlichkeit werden in ihrem jeweiligen Aufgabenbereich vom Leitungsorgan selbständig und eigenverantwortlich nach wirtschaftlichen Gesichtspunkten geführt.

(2) Dem Leitungsorgan kann die außergerichtliche Vertretung der Stadt in den Angelegenheiten, die der Entscheidung des Betriebes unterliegen, die Entscheidung über Einstellung, Eingruppierung und Entlassung der Angestellten und Arbeiter sowie über deren sonstige Personalangelegenheiten und das Recht übertragen werden, Betriebsangehörige in einzelnen Angelegenheiten oder bestimmten Sachgebieten mit der Vertretung zu beauftragen.

(3) Das Nähere wird durch Ortsgesetz geregelt.

Sechster Teil
Stadtwirtschaft

1. Abschnitt
Stadtvermögen

§ 48 Verwaltungsgrundsätze

(1) Das Vermögen ist pfleglich und wirtschaftlich zu verwalten.

(2) Über das Vermögen und die Schulden ist ein Nachweis zu führen.

§ 49 Vermögenserwerb

Die Stadt soll Vermögensgegenstände nur erwerben, soweit sie zur Erfüllung ihrer Aufgaben in absehbarer Zeit erforderlich sind.

§ 50 Vermögensveräußerung

Vermögensgegenstände dürfen nur veräußert werden, wenn sie zur Erfüllung der Aufgaben der Stadt in absehbarer Zeit nicht benötigt werden.

§ 51 Verwendung des Erlöses

Der Erlös aus der Veräußerung von Vermögensgegenständen ist dem Vermögen zur Erhaltung seines Wertes zuzuführen oder zur außerordentlichen Tilgung von Darlehen zu verwenden. Ausnahmsweise darf er zur Verminderung des Darlehensbedarfs zur Deckung von Fehlbeträgen aus Vorjahren verwendet werden, wenn dies nach den Grundsätzen einer ordentlichen Finanzwirtschaft vertretbar ist.

2. Abschnitt
Wirtschaftliche Betätigung

§ 52 Vertretung in wirtschaftlichen Unternehmen

(1) Der Magistrat vertritt die Gemeinde in der Gesellschafterversammlung oder in dem dieser gleichgestellten Organ der Unternehmen, an denen die Stadt beteiligt ist. Bestellt der Magistrat Beamte oder Angestellte als Vertreter, so sind sie an seine Weisungen gebunden.

(2) In Aufsichtsräte oder ähnliche Organe von Unternehmen, an denen die Stadt beteiligt ist, sind Mitglieder der Stadtverordnetenversammlung und des Magistrats zu entsenden. Entsprechendes gilt, wenn der Stadt das Recht eingeräumt ist, Mitglieder des Aufsichtsrates oder eines ähnlichen Organs von Unternehmen zu bestellen. Soweit die Gesetze nichts anderes bestimmen, sind die von der Stadtverordnetenversammlung Entsandten an die Weisungen der Stadtverordnetenversammlung und die vom Magistrat Entsandten an die Weisungen des Magistrats gebunden.

(3) Werden Vertreter der Stadt aus dieser Tätigkeit haftbar gemacht, so hat ihnen die Stadt den Schaden zu ersetzen, es sei denn, daß sie ihn vorsätzlich oder grob fahrlässig herbeigeführt haben. Die Stadt ist auch schadensersatzpflichtig, wenn die Vertreter nach Weisung der Stadt gehandelt haben.

§ 53 Kreditaufnahmen durch wirtschaftliche Unternehmen, an denen die Stadt beteiligt ist

(1) Vertreter der Stadt in dem Vorstand, dem Aufsichtsrat oder einem sonstigen Organ einer Gesellschaft, an der die Stadt mit mehr als 75 vom Hundert beteiligt ist, dürfen der Aufnahme von Darlehen und Kassenkrediten nur mit Genehmigung des Senats zustimmen.

(2) Diese Vorschriften sind entsprechend anzuwenden, wenn ein Unternehmen an dem die Stadt mit mehr als 75 vom Hundert beteiligt ist, sich an einem anderen Unternehmen beteiligen will.

3. Abschnitt
Schulden

§ 54 Aufnahme von Darlehen

(1) Die Stadt darf Darlehen nur zur Bestreitung eines unabweisbaren Bedarfs und nur insoweit aufnehmen, als sie zu seiner anderweitigen Deckung nicht in der Lage ist. Kann der Aufwand für die Verzinsung und Tilgung voraussichtlich nicht durch Mehreinnahmen oder durch Ausgabeersparnisse, die sich aus der Verwendung der Darlehensmittel ergeben, dauernd ausgeglichen werden, so muß die Stadt nachweisen, daß die Verzinsungs- und Tilgungsverpflichtungen mit ihrer dauernden Leistungsfähigkeit im Einklang stehen. Der Nachweis gilt in der Regel als erbracht, wenn die Stadt vor Aufnahme des Darlehens bereits einen wesentlichen Betrag für den Darlehenszweck angesammelt hat.

(2) Die Stadt darf ein Darlehen, das sie bis zur Fälligkeit nicht zurückzahlen kann, nur aufnehmen, wenn es sich als Vorwegnahme eines langfristigen Darlehens darstellt, das für den gleichen Zweck rechtlich und tatsächlich gesichert ist oder wenn ein zur Abdeckung des Darlehens ausreichender Erlös aus der Veräußerung von Stadtvermögen bis zur Fälligkeit bestimmt eingeht.

4. Abschnitt
Haushalt

§ 55 Haushaltssatzung

(1) Vor Beginn jeden Rechnungsjahres hat die Stadtverordnetenversammlung den Haushaltsplan durch Ortsgesetz (Haushaltssatzung) festzustellen. Die Haushaltssatzung enthält die Festsetzung
  1. der zu erwartenden Einnahmen und der voraussichtlich zu leistenden Ausgaben und der voraussichtlich benötigten Verpflichtungsermächtigungen,
  2. der Steuersätze (Hebesätze), soweit sie für jedes Rechnungsjahr festzusetzen sind,
  3. des Höchstbetrages der Kassenkredite,
  4. des Gesamtbetrages der Darlehen.

(2) Die Haushaltssatzung ist in der Regel so rechtzeitig zu verabschieden, daß sie nach Möglichkeit sechs Wochen vor Beginn des Rechnungsjahres dem Senat vorgelegt werden kann.

§ 56 Haushaltsplan

Der im Rahmen der Haushaltssatzung zu beschließende Haushaltsplan muß alle voraussehbaren Einnahmen und Ausgaben des kommenden Rechnungsjahres enthalten. Die Stadtverordnetenversammlung ist dafür verantwortlich, daß
  a) der Haushaltsplan die Mittel bereitstellt, die erforderlich sind, um die der Stadt obliegenden Aufgaben ausreichend zu erfüllen,
  b) der Haushaltsplan unter Berücksichtigung etwaiger Fehlbeträge aus Vorjahren ausgeglichen ist.

§ 57 Genehmigung und Bekanntmachung

Die Haushaltssatzung ist nach der Genehmigung durch den Senat mit dem Gesamtplan im Gesetzblatt der Freien Hansestadt Bremen zu verkünden.

5. Abschnitt
Rechnungsprüfung

§ 58 Prüfung der Haushaltsrechnung und der Vermögensrechnung

(1) Der Magistrat leitet die Rechnung zunächst dem Rechnungsprüfungsamt zur Prüfung zu.
(2) Die Prüfung erstreckt sich auf die Einhaltung der für die Haushalts- und Wirtschaftsführung geltenden Vorschriften und Grundsätze, insbesondere darauf, ob
  1. die Haushaltssatzung und der Haushaltsplan eingehalten worden sind,
  2. die Einnahmen und Ausgaben begründet und belegt sind und die Haushaltsrechnung und der Vermögensnachweis ordnungsgemäß aufgestellt sind,
  3. wirtschaftlich und sparsam verfahren wird,
  4. die Aufgabe mit geringerem Personal- oder Sachaufwand oder auf andere Weise wirksam erfüllt werden kann.

(3) Das Rechnungsprüfungsamt hat seine Bemerkungen in einem Schlußbericht zusammenzufassen.

§ 59 Prüfungsbericht, Schlußbericht

Der Magistrat leitet die Rechnung alsdann dem Finanzausschuß mit dem Bericht des Rechnungsprüfungsamtes zur Prüfung und Beratung zu. Der Finanzausschuß faßt das Ergebnis seiner Prüfung und Beratung in einem Schlußbericht zusammen.

§ 60 Übergeordnete Prüfung

Der Magistrat leitet die Rechnung mit den Berichten der nach Landesrecht für die Durchführung der überörtlichen Gemeindeprüfung zuständigen Stelle zu.

§ 61 Entlastung

(1) Nach Vorliegen der Berichte nach §§ 58 bis 60 leitet der Magistrat die Rechnung mit diesen der Stadtverordnetenversammlung zu.

(2) In der Sitzung der Stadtverordnetenversammlung, in der über die Entlastung des Magistrats entschieden werden soll, berichtet ein Mitglied des Finanzausschusses über das Ergebnis der Prüfungen.

(3) Die Stadtverordnetenversammlung kann die Entlastung vorbehaltlos oder mit Einschränkungen aussprechen oder unter Angabe der Gründe die Entlastung versagen.

§ 62 Rechnungsprüfungsamt

(1) Das Rechnungsprüfungsamt ist der Stadtverordnetenversammlung gegenüber unmittelbar verantwortlich und ihr unmittelbar unterstellt.

(2) Die Bediensteten des Rechnungsprüfungsamtes werden vom Magistrat auf Vorschlag der Stadtverordnetenversammlung bestellt, befördert und entlassen. Die Bediensteten dürfen keine andere Stellung in der Stadtverwaltung innehaben.

(3) Der Leiter des Rechnungsprüfungsamtes muß eine gründliche Erfahrung im Kommunalwesen, insbesondere auf dem Gebiet des gemeindlichen Haushalts-, Kassen- und Rechnungswesens besitzen. Er und die Prüfer des Rechnungsprüfungsamtes dürfen mit dem Stadtverordnetenvorsteher, mit den Mitgliedern des Magistrats oder mit dem Kassenverwalter und seinem Stellvertreter weder bis zum dritten Grade verwandt, noch bis zum zweiten Grade verschwägert oder durch Adoption oder Ehe verbunden sein.

(4) Der Leiter und die Prüfer des Rechnungsprüfungsamtes dürfen Zahlungen weder anordnen noch durchführen.

§ 63 Aufgaben des Rechnungsprüfungsamtes

(1) Das Rechnungsprüfungsamt hat die Rechnungen, das Vermögen und die Schulden, die Verwahrungen und die Vorschüsse, die Wirtschaftsführung der wirtschaftlichen Unternehmen und die Betätigung der Stadt als Gesellschafter oder Aktionär in Unternehmen mit eigener Rechtspersönlichkeit zu prüfen. Das Nähere regelt ein Ortsgesetz (Rechnungsprüfungsordnung).

(2) Die Stadtverordnetenversammlung kann dem Rechnungsprüfungsamt weitere Aufgaben übertragen.
(3) Stadtverordnetenvorsteher und Oberbürgermeister können dem Rechnungsprüfungsamt Aufträge erteilen. Der Verfassungs- und Geschäftsordnungsausschuß ist unverzüglich zu unterrichten.

Siebter Teil
Aufsicht

§ 64 Aufsichtsbehörde
Der Senat der Freien Hansestadt Bremen übt als Landesregierung die Aufsicht darüber aus, daß die Stadt im Einklang mit den Gesetzen verwaltet wird.

§ 65 Information
Der Senat kann sich jederzeit über die Angelegenheiten der Stadt unterrichten.

§ 66 Beanstandung
Der Senat kann den Magistrat anweisen, Beschlüsse und Anordnungen der Stadtverordnetenversammlung, die das bestehende Recht verletzen, zu beanstanden. Er kann ferner den Oberbürgermeister anweisen, Beschlüsse und Anordnungen des Magistrats unter der gleichen Voraussetzung zu beanstanden.

§ 67 Anordnung
Unterläßt es die Stadt, Beschlüsse zu fassen oder Anordnungen zu treffen, die zur Erfüllung einer der Stadt gesetzlich obliegenden Verpflichtung erforderlich sind, so kann der Senat nach Ablauf der von ihm gestellten Frist anstelle der Stadt das Erforderliche anordnen.

§ 68 Ersatzvornahme
Kommt die Stadt einer Anordnung des Senats nicht innerhalb der bestimmten Zeit nach, so kann der Senat die Anordnungen anstelle und auf Kosten der Stadt selbst durchführen oder die Durchführung einem Dritten übertragen.

§ 69 Bestellung eines Beauftragten
Wenn und solange der geordnete Gang der Verwaltung der Stadt es erfordert und die Befugnisse des Senats nach §§ 65 - 67 nicht ausreichen, so kann der Senat einen Beauftragten bestellen, der alle oder einzelne Aufgaben der Stadt auf Kosten der Stadt wahrnimmt. Der Beauftragte hat die Stellung eines Organes der Stadt.